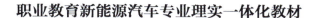

职业教育新能源汽车专业理实一体化教材

新 能 源 汽 车
认 知 与 使 用 安 全

天津职业技术师范大学汽车职业教育研究所　组编

主　编　何泽刚
副主编　吕冬梅　台晓虹
参　编　申荣卫　陈　宝　陈　真

机械工业出版社

本书是采用"基于工作过程"的方法开发的，内容以典型工作任务为载体进行组织，主要包括新能源汽车使用安全、纯电动汽车认知、混合动力汽车认知、燃料电池汽车认知四个学习情境，每个学习情境包含若干学习单元，每个学习单元以实际工作任务导入，理论部分包含共性知识和个性知识，实践技能部分主要以北汽 EV160 车型和丰田普锐斯车型为例。为便于理实一体化教学的实施，每个学习单元配有任务工单，用于指导学生进行实践操作。

为方便职业院校开展一体化教学和信息化教学，本书配套了"新能源汽车专业信息化教学网络平台"，借助该平台，教师可开展线上和线下教学活动，平台上为每个学习单元开发了教学设计、教学课件、任务工单、教学录像、操作视频、教学动画等丰富的教学资源。联系邮箱：463243836@qq.com。

本书可作为职业院校新能源汽车专业的教学用书，也可以供新能源汽车技术培训机构使用，同时也可作为新能源汽车从业人员的学习参考书。

图书在版编目（CIP）数据

新能源汽车认知与使用安全/何泽刚主编. —北京：机械工业出版社，2018.3（2023.10重印）
职业教育新能源汽车专业理实一体化教材
ISBN 978-7-111-58930-3

Ⅰ.①新… Ⅱ.①何… Ⅲ.①新能源－汽车－职业教育－教材 Ⅳ.①U469.7

中国版本图书馆 CIP 数据核字（2018）第 016311 号

机械工业出版社（北京市百万庄大街22号 邮政编码100037）
策划编辑：于志伟 责任编辑：于志伟
责任校对：潘 蕊 封面设计：鞠 杨
责任印制：常天培
固安县铭成印刷有限公司印刷
2023 年 10 月第 1 版第 10 次印刷
184mm×260mm · 12 印张 · 285 千字
标准书号：ISBN 978-7-111-58930-3
定价：44.80 元

电话服务	网络服务
客服电话：010-88361066	机 工 官 网：www.cmpbook.com
010-88379833	机 工 官 博：weibo.com/cmp1952
010-68326294	金 书 网：www.golden-book.com
封底无防伪标均为盗版	机工教育服务网：www.cmpedu.com

职业教育新能源汽车专业理实一体化教材

编写委员会

编委会顾问

朱　军　王仁广　王　斌

编委会主任

申荣卫

编委会成员

周　毅　孔　超　包丕利　何泽刚　宋建锋
台晓虹　冯勇鑫　杨小刚　石培吉　张　岩

前言

当前，全球新能源汽车进入快速发展的新阶段，产业竞争正在由以电动化为核心，转变为电动化、智能化、网联化和共享化融合发展的竞争。党的二十大报告提出"加快推动产业结构、能源结构、交通运输结构等调整优化""推进工业、建筑、交通等领域清洁低碳转型""教育、科技、人才是全面建设社会主义现代化国家的基础性、战略性支撑"。目前，我国职业院校肩负着培养新能源汽车技术技能人才的历史重任。

本书以党的二十大报告中"全面贯彻党的教育方针，落实立德树人根本任务，培养德智体美劳全面发展的社会主义建设者和接班人"的精神为指引，在天津职业技术师范大学汽车职业教育研究所参与完成教育部"新能源汽车行业人才需求与职业院校专业设置指导报告"课题的基础上，组织汽车专业一线教师编写了本套理实一体化教材。

本书采用"基于工作过程"的方法进行开发。在对新能源汽车技术技能人才岗位调研的基础上，分析出岗位典型工作任务，然后根据典型工作任务提炼了行动领域，在此基础上构建了工作过程系统化的课程体系。为方便职业院校开展一体化教学和信息化教学，本书配套开发了教学设计、教学课件、任务工单、教学录像、操作视频、教学动画和VR虚拟仿真实训视频等丰富的教学资源以及"新能源汽车专业信息化教学云平台"，借助该平台，教师可开展线上线下混合式教学。

本书主要包括新能源汽车使用安全、纯电动汽车认知、混合动力汽车认知、燃料电池汽车认知四个学习情境，每个学习情境包含若干学习单元，并将劳动精神和团队精神融入在每个工作任务中，同时通过高压安全操作规程提高工作安全意识，培养严谨细致、一丝不苟的工匠精神。本书学习车型以北汽纯电动汽车和丰田混合动力汽车为主，其他车型为辅，全部内容均在实车上进行了验证。

本书由天津交通职业学院何泽刚担任主编，天津职业技术师范大学台晓虹、上海市大众工业学校吕冬梅担任副主编，天津职业技术师范大学申荣卫、重庆理工大学陈宝、成都汽车职业技术学校陈真参与编写。

在本书编写过程中，天津闻达天下科技有限责任公司提供了大量设备、资金和技术支持，在此表示衷心的感谢。另外，在本书编写过程中，参考了大量国内外相关著作和文献资料，在此一并向有关作者表示感谢。

由于编者水平有限，书中难免有错漏之处，敬请读者批评指正。

编者

目录

前言

学习情境1　新能源汽车使用安全 ··· 1
　学习单元1.1　新能源汽车发展现状与趋势 ···························· 2
　任务工单1.1 ··· 18
　学习单元1.2　电工安全基础 ··· 21
　任务工单1.2 ··· 40
　学习单元1.3　个人防护与维修作业安全 ······························ 43
　任务工单1.3 ··· 57

学习情境2　纯电动汽车认知 ·· 60
　学习单元2.1　新能源汽车介绍 ·· 61
　任务工单2.1 ··· 87
　学习单元2.2　纯电动汽车组成结构认知 ······························ 90
　任务工单2.2 ··· 107
　学习单元2.3　纯电动汽车驾乘体验 ···································· 111
　任务工单2.3 ··· 121

学习情境3　混合动力汽车认知 ·· 124
　学习单元3.1　混合动力汽车组成结构认知 ··························· 125
　任务工单3.1 ··· 147
　学习单元3.2　混合动力汽车驾乘体验 ································· 150
　任务工单3.2 ··· 156

学习情境4　燃料电池汽车认知 ·· 159
　学习单元4.1　燃料电池汽车组成结构认知 ··························· 160
　任务工单4.1 ··· 172
　学习单元4.2　燃料电池汽车驾乘体验 ································· 175
　任务工单4.2 ··· 179

《新能源汽车认知与使用安全》理实一体化教室布置图 ············· 182

参考文献 ·· 183

学习情境 1
新能源汽车使用安全

> 🟢 **学习目标**

> ➢ 能了解新能源汽车的发展现状、趋势、技术发展路线、国家扶持政策。
> ➢ 能通过与客户交流、查阅相关维修技术资料等方式获取车辆信息。
> ➢ 能识别新能源汽车常用的电力电子器件。
> ➢ 能识别新能源汽车高压系统部件及线束。
> ➢ 能了解新能源汽车高低压标准及高压危害。
> ➢ 能正确识别和使用新能源汽车个人防护用具。
> ➢ 能正确识别和使用新能源汽车车间防护用具。
> ➢ 能正确识别高压系统警示标志。
> ➢ 能正确识别和使用新能源汽车检测仪器、工具和设备。
> ➢ 能正确规范地对纯电动汽车和混合动力汽车进行下电操作。
> ➢ 能正确对新能源汽车触电、火灾等事故进行救助处理。
> ➢ 能进行简单的急救操作。
> ➢ 能通过高压安全防护、高压下电等操作提高安全意识。

学习单元 1.1　新能源汽车发展现状与趋势

目前，世界各国都在大力研发并推广新能源汽车，"中国制造2025"和"十三五"规划也把发展新能源汽车列为战略新兴产业。你知道为什么要发展新能源汽车吗？你能找到哪些关于新能源汽车发展的国家政策或文件？

1. 能通过手机、电视、互联网等媒介及查阅相关技术资料等方式获取新能源汽车发展信息。
2. 能了解发展新能源汽车的重要性和意义。
3. 能了解新能源汽车行业发展现状与趋势。
4. 能叙述新能源汽车发展技术路线。
5. 能在了解新能源汽车发展过程中增强环保和节约意识。

面对全球范围日益严峻的能源形势和环保压力，世界主要汽车生产厂家开始大力研发新能源汽车，也把发展新能源汽车作为提高产业竞争力、保持经济社会可持续发展的重大战略举措。"中国制造2025"和"十三五"规划把发展新能源汽车列为战略新兴产业，并对新能源汽车研发、生产、购买、充电设施建设等上下游产业均给出了较为完善的政策扶持体系。

1.1.1　发展新能源汽车的重要性

燃油汽车的排放对环保造成巨大压力并影响我国能源安全战略。截至2017年6月，我国机动车保有量达到3.04亿辆，初步统计排放各类大气污染物约4500万吨/年，我国大气污染已呈现出煤烟和机动车尾气复合型的污染特征。据专家预测，"十三五"期间我国还将新增机动车1亿辆，由此带来的大气环境压力巨大。近年来，雾霾日益严重，我国东中部大面积、长时间发生的雾霾天气，敲响了环境的警钟，尤其是大型城市。以北京为例，污染型工业已经很少，雾霾和PM2.5超标主要由机动车排放和燃煤引起，其中机动车占比达到22%，如图1-1-1所示。

图1-1-1　汽车尾气对环境影响

世界石油资源的储量稀缺，且世界大国能源紧缺严重，导致以石油为主要燃料的传统汽车的发展受到了影响。瑞士银行发布的全球石油领域现状的报告中指出，世界已证实石油储量有1.8万亿桶，按现有石油消费水平，世界石油还可开采46年。中国石油储备有11千万桶，一旦石油枯竭，中国石油储备仅够用35天，如图1-1-2所示。能源安全是我国经济发展的重大隐患，我国目前尚无保障石油进口通道的有效措施。《国内外油气行业发展报告》显示，2016年中国原油对外依存度为65.4%，2017年继续上升，预计2020年前可能超过70%，这严重影响了国家能源安全。通过大力发展可再生能源给新能源汽车提供能源，可减少我国对进口能源的依赖程度，提高我国能源与经济安全。因此，发展新能源汽车产业对我国产业转型升级具有重要意义。

图1-1-2 世界各国石油储量（千万桶）和使用天数

发展新能源汽车产业是我国汽车工业参与国际竞争，缩短与先进汽车产业国家差距的重要契机，如图1-1-3所示。发展新能源汽车产业对推动我国产业技术创新、电力能源体制改革、促进我国产业转型升级、实现我国经济结构的战略性转型升级具有重要意义。

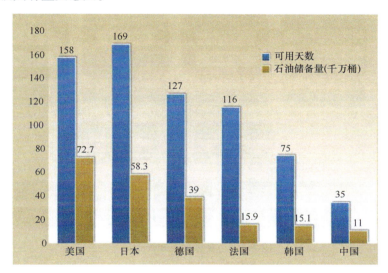

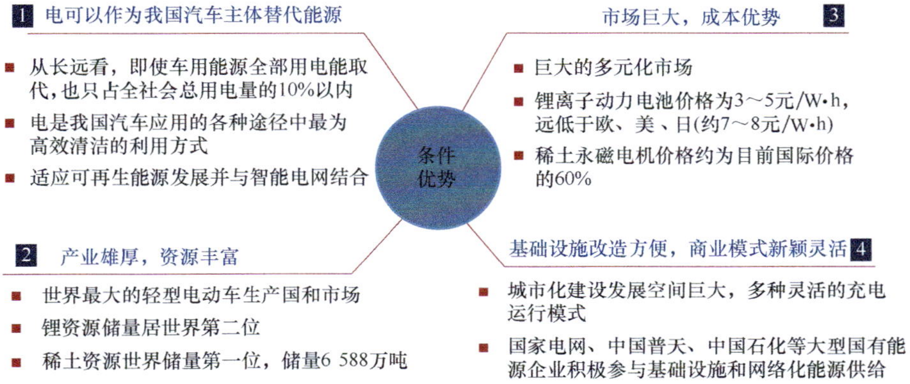

图1-1-3 技术转型

1.1.2 新能源汽车行业发展现状

新能源汽车行业包括新能源汽车整车制造业、新能源汽车关键总成制造企业和新能源汽车服务企业。在新能源汽车产业链中，如图1-1-4所示，上游的原材料（如动力电池正负极材料、隔膜、电解质等）生产行业、中游的非关键总成（如制动系统、转向系统等）制造企业和产业链延伸出的充电桩制造行业等属于新能源汽车产业链相关行业，不属于新能源汽车行业。新能源汽车产业未来将成为我国经济支柱产业。

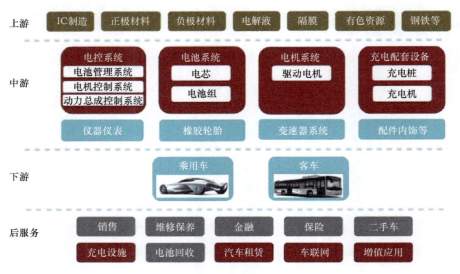

图1-1-4 新能源汽车产业链

1. 新能源汽车产业规模迅速增长

根据工业和信息化部的统计，2017年10月，我国新能源汽车产销分别完成9.2万辆和9.1万辆，同比分别增长85.9%和106.7%，如图1-1-5所示。其中，纯电动汽车产销均完成7.7万辆，同比分别增长76.3%和95.8%；插电式混合动力汽车产销均完成1.4万辆，同比分别增长163.6%和194.0%。

2017年1月至10月，新能源汽车产销分别完成51.7万辆和49.0万辆，同比分别增长45.7%和45.4%。其中，纯电动汽车产销分别完成42.7万辆和40.2万辆，同比分别增长54.7%和55.9%；插电式混合动力汽车产销分别为9.0万辆和8.8万辆，同比分别增长14.0%和11.2%。为应对日益突出的燃油供需矛盾和环境污染问题，世界主要汽车生产国纷纷加快部署，将发展新能源汽车作为国家战略，加快推进技术研发和产业化，未来10年将迎来全球汽车产业转型升级的重要战略机遇期，预计新能源汽车销量在未来一段时间仍将持续增长。

2. 新能源汽车产业链长、带动效应强

新能源汽车产业链包括制造端、销售服务端、配套基础设施端等。制造端包括新能源整车制造企业、关键总成制造企业等；销售服务端包括新能源汽车4S店、分时租赁企业等；配套基础设施端包括充电桩设备生产、运营企业、换电服务企业等（参见图1-1-4）。新能源整车制造企业多为传统燃油汽车企业的一个事业部或子公司，除了涉及新能源汽车动力电池、驱动电机、新能源电控的部门之外，其他生产与研发部门都与传统燃油车型共用，如长安集团和江淮集团等。各新能源整车制造企业主导研发新能源汽车电控集成技术，但对动力电池电芯、BMS 和驱动电机控制器等方面参与较少，一般通过兼并和战略合作等方式进入，如北汽、长安、吉利等。随着新能源汽车市场的发展和国家政策推动，国内已成长壮大一批新能源关键总成制造企业，基本掌握了各自领域的核心技术。汽车工业在国民经济中的地位举足轻重，国务院发展研究中心的一项研究成果显示，汽车工业对主要上游产业的增加值的拉动效果相当于自身的两倍，对下游产业的增加值拉动效果相当于自身的一倍。未来，新能源汽车将逐步替代传统能源汽车。

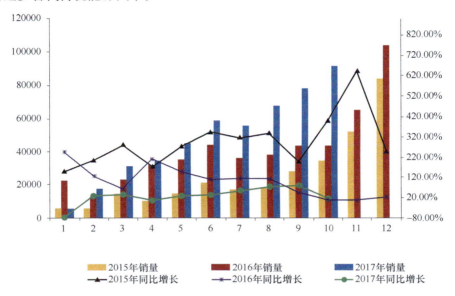

图 1-1-5　2015—2017 年月度新能源汽车销量及同比变化情况

3. 新能源汽车技术取得较大进展

我国自主品牌新能源汽车与世界先进水平尚有差距，但小于传统燃油车与国外的差距，已逐步掌握三大总成核心技术。目前，新能源汽车技术的核心问题是提升动力电池的能量密度、提高动力电池安全性和寿命、提高动力电池充电速度、降低动力电池成本等。国内驱动电机的功率密度、效率等电机技术水平与国际水平基本相当，峰值功率密度在 2.8～3.0kW/kg、连续功率密度在 1.2～1.6kW/kg。磷酸铁锂电池单体能量密度从 2007 年的 90W·h/kg 提高到接近 140W·h/kg；三元材料混合锰酸锂材料的电池单体能量密度达到 180W·h/kg，与国际水平基本同步，电池系统价格从 2007 年 5 元/W·h 降至 3 元/W·h 以下；功率型电池比功率最高达 3000W/kg，与国际先进水平相当；钛酸锂电池基本解决了气胀问题。整车集成电控方面基于"多 V"模式开发体系，初步具备系统、软件到硬件的三层级开发能力；具备功能安全、诊断控制、通信协议、标定开发等基本系统功能；软硬件开发模式已兼容全球先进 AUTOSAR 体系，硬件能够实现批量生产；已基本掌握新能源整车集成技术、性能控制和评价技术。

1.1.3　新能源汽车行业发展趋势

我国新能源汽车行业发展目标是成为国际技术领先的新能源汽车制造强国。《中国制造

2025》提出：到2020年，我国自主品牌新能源汽车产业发展目标为产业化取得重大进展、产业竞争力显著提升、配套能力明显增强、逐步实现车辆信息化与智能化。

1. 新能源汽车市场需求迅速增长并将逐渐延伸至中小城市

2012年6月，国务院印发了《节能与新能源汽车产业发展规划（2012—2020年）》，预计到2020年，纯电动汽车和插电式混合动力汽车生产能力达200万辆、累计产销量超过500万辆。三、四线城市上班路途较近，城市空间拥堵度较低，在住宅区更易实现车位固定，更符合新能源汽车的使用环境，随着充电桩、售后服务等配套设施建设不断完善，新能源汽车市场需求将逐步延伸至三、四线城市。

2. 明确了新能源汽车技术发展路线

自"十五"以来，我国新能源汽车产业制定实施"三纵三横"为依托的基本战略。混合动力、纯电动、燃料电池汽车为三纵，电池、电机、电控为三横，建立了节能与新能源汽车推广示范应用的规划、政策及标准体系。电池包括动力电池和燃料电池；电机包括电动机系统及其发动机、变速器总成一体化技术；电控包括电转向、电空调、电制动和车网融合等在内的新能源汽车电子控制技术，如图1-1-6所示。

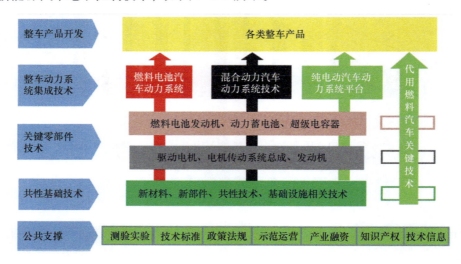

图1-1-6 "三纵三横"发展战略

2015年10月，国家工业和信息化部正式发布《〈中国制造2025〉重点领域技术路线图（2015年版）》，明确提出纯电动和插电式混合动力汽车、燃料电池汽车是我国未来在新能源汽车领域的重点发展方向，2016年10月中国汽车工程学会《节能与新能源汽车技术路线图》的发布，再次为新能源汽车技术发展提出了更为明确的思路和路径。

1）纯电动车和插电式混合动力汽车总体发展思路：在中型及以下车型规模化发展纯电动乘用车为主，实现纯电动技术在家庭用车、公务用车、租赁服务以及短途用车等领域的推广应用；以紧凑型及以上车型规模化发展插电式混合动力乘用车为主，实现插电式混合动力技术在私人用车、公务用车领域推广应用；以动力电池、驱动电机的突破发展支撑整车竞争力提升并实现关键部件批量出口，这是新能源汽车的主体。

2）纯电动汽车技术路径：提高动力电池能量密度、提高电驱动系统效率、底盘电动专用化；插电式混合动力汽车技术路径：优化混合动力系统构型、基于多信息的整车预测控制、动力系统集成设计；充电基础设施的技术路径：快速充电技术、互联互通技术、充电便利性。到 2025 年，纯电动乘用车续驶里程达到 400km 以上，插电式混合动力汽车混动模式油耗需比 2020 年再将低 10%，如图 1-1-7 所示。

图 1-1-7　纯电动车和插电式混合动力汽车技术路径

3）燃料电池汽车总体发展思路：近期（五年内）以中等功率燃料电池与大容量动力电池的深度混合动力构型为技术特征，实现燃料电池汽车在待定地区的公共服务用车领域大规模示范应用；中期（十年内）以大功率燃料电池与中等容量动力电池混合为特征，实现燃料电池汽车的较大规模批量化商业应用；远期（十五年内）以全功率燃料电池为特征，在私人乘用车、大型商用车领域实现百万辆规模的商业推广；以可再生能源为主的氢能供应体系建设与扩大支撑燃料电池汽车规模化发展。

4）燃料电池汽车技术路径：燃料电池关键材料技术、电堆技术、系统集成与控制技术、燃料电池汽车的设计与集成技术、提高功率密度、提高耐久性、提高载氢安全。到 2025 年，燃料电池发展规模达 5 万辆，燃料电池堆比功率达到 2.5kW/kg，如图 1-1-8 所示。进一步明确新能源汽车技术对未来国家工业乃至整个国民经济具有巨大的前瞻战略意义。

图 1-1-8　燃料电池汽车技术路径

3. 轻量化、智能网联化是新能源汽车的发展方向

电动化、轻量化、智能化是新能源汽车发展的核心技术。

1）电动化：新能源汽车的电动化，最核心的是动力电池技术。国家发展战略为近中期在优化现有体系锂离子动力电池技术满足新能源汽车规模化发展需求的同时，以开发新型锂离子动力为重点，提升其安全性、一致性和寿命等关键技术，同步开展新体系动力电池的前瞻性研发；中远期在持续优化提升新型锂离子动力电池的同时，重点研发新体系动力电池，显著提升能力密度，大幅降低成本，实现新体系动力电池应用化和规模化应用。到2025年，我国动力电池系统单体能量密度要达到400W·h/kg以上，电池系统成本需降至0.9元/W·h，如图1-1-9所示。

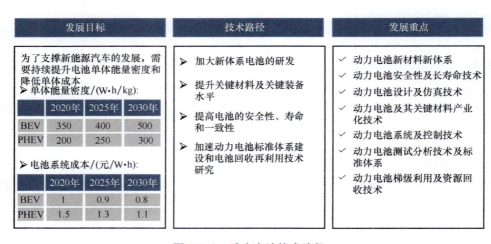

图1-1-9 动力电池技术路径

2）轻量化：减重带来的节能效果非常显著，新能源汽车现用电池的能量密度比较低，整车质量比较大，在动力电池技术尚未出现革命性突破之前，轻量化对提高新能源汽车的续驶里程具有重大影响。同时，轻量化带来的不仅是技术上的进步和革新，它还会带来对传统制造加工工艺，包括生产模式的重大变革。比如宝马i3，大范围地使用了碳纤维的材料，整车质量只有1195kg，比传统车减轻了250~350kg，减重效果非常明显，它的车身质量仅为180kg，整车复合材料的使用率达到50%。所以碳纤维这类新型轻量化的材料未来在新能源汽车上可能会进行普及应用。另外，特斯拉在铝合金的材料运用上也做了大量的工作。

3）新能源汽车轻量化的技术路径：轻质材料的应用、新的制造技术和工艺、先进的结构优化或设计方法、大力推进高强度钢、铝合金、镁合金、工程塑料、复合材料等在汽车上的应用。到2025年，整车要比2015年减重20%，如图1-1-10所示。

4）智能化：依托《中国制造2025》规划，工业和信息化部发布的具体目标中明确指出到2020年，我国要掌握智能辅助驾驶总体技术及各项关键技术，初步建立智能网联汽车自主研发体系及生产配套体系，到2025年掌握自动驾驶总体技术及各项关键技术，建立较完善的智能网联汽车自主研发体系、生产配套体系及产业群，基本完成汽车产业转型升级，如图1-1-11所示。具体将围绕基于车联网的车载智能信息服务系统、公交及运营车辆网联化信息管理系统、装备智能辅助驾驶系统的智能网联汽车、装备自动驾驶系统的智能网联汽车等领域展开。无论是和传统车，还是和新能源汽车的结合都是一个新的发展热点。与新能源汽车的结合更有应用的优势，因为新能源汽车自身电控的水平程度比较高，易于与智能网联技术融合延伸出新的功能和应用。

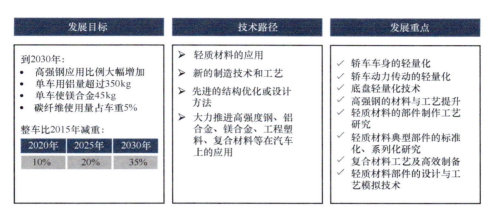

图 1-1-10　新能源汽车轻量化技术路径

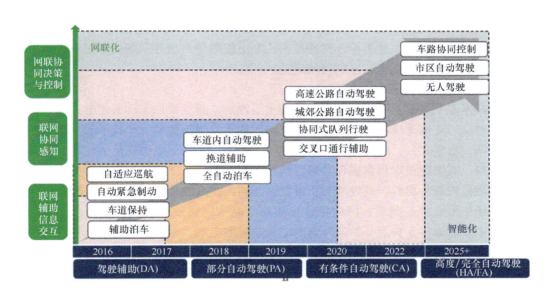

图 1-1-11　新能源汽车智能化发展的里程碑

4. 加快布局建设充电桩、换电站

2015 年 11 月，国家发改委（发展和改革委员会）发布《电动汽车充电基础设施发展指南（2015—2020 年）》（以下简称《发展指南》），明确提出：到 2020 年，全国将新增集中式充换电站 1.2 万座，分散式充电桩 480 万个，以满足全国 500 万辆电动汽车充电需求。《发展指南》将全国分为加快发展区、示范推广区、积极促进地区三个区域，并提出了至 2020 年的分区域建设目标。首先，在北京、天津、江苏等新能源汽车发展基础良好的东部沿海省市新建充换电站 7400 座，充电桩 250 万个，满足 266 万辆电动汽车的需求。其次，山西、内蒙古、江西等中部示范推广区新增集中式充换电站 4300 座，充电桩 220 万个，满足超过 233 万辆

电动汽车充电需求。最后，在广西、西藏、新疆等西部地区，新增充换电站400座，充电桩10万个，满足超过11万辆电动汽车充电需求。

新能源汽车相比传统燃油汽车在动力总成方面产生了技术上的变化，在底盘、悬架、车身、电气系统等其他技术方面并未产生明显变化，所以新能源汽车行业在业态、生产组织、运营方式与管理等方面未产生明显变化。

1.1.4 新能源汽车行业面临的挑战

尽管十三五规划为未来五年新能源汽车产业全面发展勾画了宏伟蓝图，但新能源汽车产业的发展不可避免地面临一些阶段性的困难与挑战。

1. 安全性倍受公众关注与质疑

作为主流的动力锂电池技术路线在安全性和稳定性方面仍然存在相对的劣势，近年来，新能源汽车充电发生自燃等安全事故及隐患备受市场关注。锂电池生产厂商未来在材料性能优化、生产材料技术工艺方面还需进一步提升，电池管理系统的组装检测工艺有待进一步加强。

2. 充电网络的建设速度不及预期

2016年充电基础设施进行了大幅新建，但充电网络仍不能满足新能源汽车市场的需要。充电桩故障损坏、充电桩车位遭传统车辆侵占、充电桩数量不足等问题仍将制约新能源汽车的放量增长并严重影响新能源车主的使用感受。

3. 锂电池技术水平是最大的瓶颈

锂电池技术水平决定了一辆新能源汽车的主要性能。新能源汽车动力锂电池的能量密度与安全性的对立、充电速度与循环寿命的对立的问题是发展新能源汽车技术的关键。正极材料是锂电池四大材料之一，约占电池成本的20%~30%，是决定电池安全、性能、成本和寿命的关键材料，其关键技术仍掌握在日韩以及北美的企业手中。此外，隔膜作为锂电池中技术含量及附加值较高的材料，其处境与正极材料相同，在高端领域，日本和美国企业利用技术壁垒在市场中形成寡头垄断，国内企业在高端产品难以突破。除了比亚迪自主生产电池外，很多自主新能源整车企业开始向外资电池企业采购电池，因为外资电池质量控制水平较高，成组打包后不仅和单体电芯在性能、充放电次数等指标上相差不多，而且各个产品的差异性都比较小，电池的一致性和稳定性较好，国内电池企业难以做到这点。我国动力电池产品不仅在生产研发环节上受一致性、良品率、安全性、可靠性以及创新能力等制约外，在销售环节上也受韩国等国外电池企业的掣肘。

4. 学科跨度大、复合程度高

新能源汽车智能化、网联化的趋势导致新能源汽车专业学科跨度大、复合程度高。

车辆智能化与网联化在传统燃油汽车发展时期就是一个重要的技术研究热点，新能源汽车兴起之后，新能源汽车的智能化和网联化更加容易实现。智能化和网联化技术在新能源汽车上的大量运用，使新能源汽车技术与IT技术深度融合，新能源汽车专业人才不可避免的需要掌握大量的IT技术知识，使得新能源汽车专业的课程体系的学科跨度大，汽车技术课程、轻量化技术课程、电气化课程、IT技术课程的复合程度高。

1.1.5 我国节能汽车发展技术路线

2016年10月26日中国汽车工程学会发布了《节能与新能源汽车技术路线图》，本项技术路线图描绘了我国汽车产业技术未来15年发展蓝图。对于节能汽车，第一，是以混合动力为重点，以动力总成升级，先进电子电器为支撑，全面提升传统燃油车节能技术和燃油经济水平。第二，要进行结构节能与技术节能并重，加快紧凑型及以下小型车的推广，显著提高小型车比例。第三，以发展天然气车辆为主要方向。

节能汽车重点发展先进内燃机燃烧理论研究、自主控制系统开发、全可变气门技术及混合动力发动机技术、混合动力机电耦合技术等方面，乘用车通过提高发动机热效率等技术路径，到2025年实现新车平均油耗4.0L/100km，商用车通过混合动力等技术路径，到2025年实现平均油耗比2015年降低15%。

乘用车总体执行车辆轻量化/小型化、大力发展混合动力、动力总成升级优化、电子电器节能、降低摩擦损失、替代燃料分担六大节能路径。

1.1.6 汽车尾气与雾霾的关系

2013年初以来，中国发生大范围持续雾霾天气，如图1-1-12所示。据统计，受影响雾霾区域包括华北平原、黄淮、江淮、江汉、江南、华南北部等地区，受影响面积约占国土面积的1/4，受影响人口约6亿人。

图1-1-12 雾霾天气

请通过手机、电视、互联网等媒介及查阅相关技术资料等方式，获取有关汽车尾气与雾霾的信息并进行讨论，最后总结雾霾的定义及其成因。

1. 雾霾的定义

雾霾是雾和霾的统称。雾和霾是两种不同的天气现象，通常混合在一起出现，尽管在定义上有明确的区别界定，但在实际观测和研究中却并不容易区分，所以经常统称为雾霾天气。雾的组成比较简单，主要由大量悬浮在近地面空气中的微小水滴或冰晶雾滴组成，而霾的组成成分则非常复杂，有害物质通常大部分富集在细颗粒物（PM2.5）上，目前已知的主要成分包括：硫酸盐、硝酸盐、铵盐、重金属、地壳物质、含碳颗粒等。2014年1月4日，我国首次将雾霾天气纳入自然灾情进行通报，如图1-1-13所示。

图1-1-13　雾霾天气纳入自然灾情

2. 雾霾成因

有关雾霾成因，目前还没有完整、科学、统一的定义。雾霾的形成主要与以下几个因素有关：

（1）人为因素——悬浮颗粒物　悬浮颗粒物是雾霾形成的主要原因。按照悬浮颗粒物的不同来源，可分为机动车尾气、工业生产废气、道路交通及建筑工地扬尘、供暖所废气及其他，如图1-1-14所示。

图1-1-14　悬浮颗粒物来源

1）机动车尾气中氮氧化物的含量约占悬浮颗粒物总量的50%，是主要的颗粒物来源。机动车尾气的排放高度正好处于人群呼吸范围内，约为0.3~2m，对人群呼吸系统健康及身体健康构成一定危害。油品质量、汽车保有量是直接影响机动车尾气的重要因素。

2）机电制造业、钢铁行业、火电行业及水泥行业是工业废气排放的主要来源。除此之外，建筑材料生产时窑炉中排放的燃烧废气、汽车维修时大量的喷漆，都是造成工业废气的相关因素。

3）马路街道、街道中间花圃的泥土或进城车辆轮胎携带的泥土，遭遇泼水或下雨后大范围流失，一旦干涸，马路上的机动车行驶时会产生大量的扬尘，从而在大气及地面循环，造成严重的空气污染。建筑工地上建筑施工过程产生的大量扬尘也是导致空气污染的主要因素。

4）北方大部分地区冬季取暖措施仍以供暖为主，供暖所在日常运行中会产生的大量废气，在一定程度上加剧了雾霾形成。

5）悬浮颗粒物的其他来源包括燃放鞭炮、秸秆焚烧等。

（2）气候因素

1）逆温现象：是指城市大气高空气温高于低空气温。城市大气垂直方向产生逆温后，会形成逆温层。逆温层好比一个锅盖覆盖在城市上空，这种高空的气温比低空气温更高的逆温现象，使得大气层低空的空气垂直运动受到限制，空气中悬浮微粒难以向高空飘散而被阻滞在低空和近地面，造成污染物聚集，形成雾霾，如图1-1-15所示。

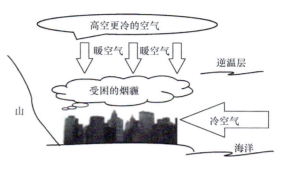

图1-1-15　逆温现象

2）大气水平方向产生静风。在水平方向静风现象增多，城市里大楼越建越高，阻挡和摩擦作用使风流经城区时明显减弱。静风现象增多，不利于大气中悬浮微粒的扩散稀释，容易在城区和近郊区周边积累，如图1-1-16所示。

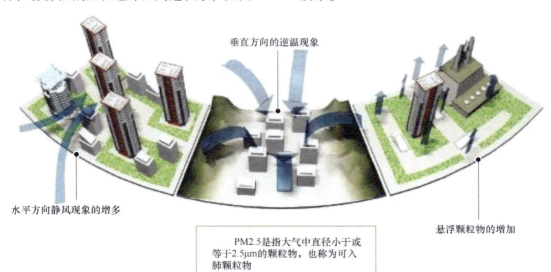

PM2.5是指大气中直径小于或等于2.5μm的颗粒物，也称为可入肺颗粒物。

图1-1-16　雾霾成因示意图

1.1.7　国家新能源汽车政策

在国家和地方政府配套政策的支持下，我国新能源汽车产业实现了产业化和规模化的飞跃式发展。2017年1~10月，国家累计出台32项新能源汽车相关政策（包括征求意见稿5项），见表1-1-1，涉及宏观、补贴、基础设施、安全管理、技术研发、智能网联等诸多方面。分部委来看，工信部涉及出台的政策最多，达到15项（征求意见稿2项），发改委涉及出台10项，科技部、交通部、国务院、商务部、能源局等部委均有相关政策出台。

表 1-1-1　2017 年 1～10 月国家新能源汽车政策

类型	发布机构	相关政策	摘　要
宏观	工信部、财政部、商务部、海关总署、质检总局	《乘用车企业平均燃料消耗量与新能源汽车积分并行管理办法》	办法对传统能源乘用车年度生产量或者进口量不满 3 万辆的乘用车企业，不设定新能源汽车积分比例要求；达到 3 万辆以上的，从 2019 年度开始设定新能源汽车积分比例要求。2019 年度、2020 年度，新能源汽车积分比例要求分别为 10%、12%
	发改委、工信部	《关于完善汽车投资项目管理的意见》	严格控制新增传统燃油汽车产能。规范新能源汽车企业投资项目条件
	交通部	《关于促进汽车租赁业健康发展的指导意见（征求意见稿）》	鼓励分时租赁发展。对使用新能源车辆开展分时租赁的，按照新能源汽车发展有关政策在充电基础设施布局和建设方面给予扶持
	交通部	《关于开展汽车维修电子健康档案系统建设工作的通知》	力争在 2017 年底基本完成部级汽车维修电子健康档案验证系统建设，完成 6～10 个省市的系统建设试点
	工信部、发改委、科技部	《汽车产业中长期发展规划》	到 2020 年，培育形成若干家进入世界前十的新能源汽车企业，智能网联汽车与国际同步发展；到 2025 年，新能源汽车骨干企业在全球的影响力和市场份额进一步提升，智能网联汽车进入世界先进行列
	发改委	《企业投资项目核准和备案管理办法》	地方企业投资建设的项目，可以分别通过项目所在地省级政府投资主管部门、行业管理部门向国务院投资主管部门、国务院行业管理部门转送项目申请报告
	交通运输部	《营运客车安全技术条件》	从整车、主要总成、安全防护装置等方面，对营运客车安全性能和结构配置提出了最基本的安全技术要求
	商务部	《汽车销售管理办法》	国家鼓励发展共享型、节约型、社会化的汽车销售和售后服务网络，加快城乡一体的汽车销售和售后服务网络建设，加强新能源汽车销售和售后服务网络建设，推动汽车流通模式创新
	工信部、发改委、科技部、财政部	《促进汽车动力电池产业发展行动方案》	2018 年，提升现有产品性价比，保障高品质电池供应；2020 年，基于现有技术改进的新一代锂离子动力电池实现大规模应用；2025 年，采用新化学原理的新体系电池力争实现技术变革和开发测试
	国务院	《"十三五"节能减排工作方案》	到 2020 年节能环保、新能源装备、新能源汽车等绿色低碳产业总产值突破 10 万亿元，成为支柱产业
	国务院	《关于进一步推进物流降本增效促进实体经济发展的意见》	拓展物流企业融资渠道，加快推进物流仓储信息化标准化智能化，大力推进物联网、RFID 等信息技术在铁路物流服务中的应用

（续）

类型	发布机构	相关政策	摘　要
宏观	国务院	《关于促进外资增长若干措施的通知》	从五个方面提出促进外资增长的政策措施：一是进一步减少外资准入限制；二是制定财税支持政策；三是完善国家级开发区综合投资环境；四是便利人才出入境；五是优化营商环境
	工信部	《新能源汽车生产企业及产品准入管理规定》	从企业设计开发能力、生产能力、产品生产一致性保证能力、售后服务及产品安全保障能力等方面提高了准入门槛，并强化了安全监管要求
	央行、银监会	《汽车贷款管理办法》修订版	自用传统动力汽车贷款最高发放比例为80%，商用传统动力汽车贷款最高发放比例为70%；自用新能源汽车贷款最高发放比例为85%，商用新能源汽车贷款最高发放比例为75%；二手车贷款最高发放比例为70%
	工信部	《关于2016年度、2017年度乘用车企业平均燃料消耗量管理有关工作的通知》	2016年度平均燃料消耗量负积分的企业，可以使用2017年度自身产生的平均燃料消耗量正积分、新能源汽车正积分。企业平均燃料消耗量积分和新能源汽车积分可结转至后续年度使用
	发改委等5部门	《公平竞争审查制度实施细则（暂行）》	没有法律法规依据或者国务院规定，不得以备案、登记、注册、名录、年检、监制、认定、认证、审定、指定、配号、换证、要求设立分支机构等形式，设定或者变相设定市场准入障碍
	工信部	《产业关键共性技术发展指南（2017年）》	指南提出优先发展的产业关键共性技术174项，其中，汽车方面包括电驱动系统技术、智能网联汽车技术、动力电池能量存储系统技术、动力电池全自动信息化生产工艺与装备等
	发改委、财政部、科技部、工信部、能源局	《关于促进储能技术与产业发展的指导意见》	积极开展电动汽车智能充放电业务，探索电动汽车动力电池、通讯基站电池、不间断电源（UPS）等分散电池资源的能源互联网管控和储能化应用。完善动力电池全生命周期监管，开展对淘汰动力电池进行储能梯次利用研究
	科技部	《国家重点研发计划新能源汽车等重点专项2018年度项目申报指南》	通知明确了项目组织申报要求及评审流程，组织申报的推荐单位，申请资格要求和具体申报方式
	发改委等	《电力需求侧管理办法（修订版）》	鼓励电能服务公司、充换电设施运营商等创新智能用电服务内容和模式，探索开展电能云服务、电动汽车智能充换电服务，为电力用户提供智能化、个性化的用电与节电服务
	交通部、发改委、工信部等	《促进道路货运行业健康稳定发展行动计划（2017-2020年）》	行动计划要求加强城市配送车辆技术管理，对于符合标准的新能源配送车辆给予通行便利。鼓励各地创新政策措施，推广标准化、厢式化、轻量化、清洁能源货运车辆

（续）

类型	发布机构	相关政策	摘　　要
宏观	交通部	《城市公共汽车和电车客运管理规定》	《规定》共8章71条，分别是总则、规划与建设、运营管理、运营服务、运营安全、监督检查、法律责任、附则
	工信部	《重点新材料首批次应用示范指导目录（2017年版）》	涉及新能源或新能源汽车领域的新材料有12个，包括高性能锂电池隔膜、高性能钕铁硼永磁体、镍钴锰酸锂三元材料、燃料电池膜电极、高纯晶体六氟磷酸锂材料等
	交通部	《关于促进小微型客车租赁健康发展的指导意见》	意见指出鼓励使用新能源车辆开展分时租赁，并按照新能源汽车发展有关政策在充电基础设施布局和建设方面给予扶持
	发改委、商务部	《外商投资产业指导目录（2017年修订）》	2017版《目录》的调整内容更多集中在新能源汽车领域，其中给产业带来重大影响的即是解除纯电动汽车合资企业限制以及取消汽车电子和动力电池的股比限制
财政	财政部、科技部、工信部、发改委	《关于开展2016年度新能源汽车补贴资金清算工作的通知》	非个人用户购买的新能源汽车申请补贴，累计行驶里程需达到3万公里（作业类专用车除外）。目前行驶里程尚不达标的新能源汽车，应在达标后申请补贴，补贴标准和技术要求按照获得行驶证年度执行
	财政部、国税总局	《中华人民共和国车辆购置税法（征求意见稿）》	予以免征或者减征车辆购置税。对符合条件的新能源汽车、公共汽电车辆等临时性减免车辆购置税政策，可继续授权由国务院决定
基础设施	能源局、国资委、国管局	《加快单位内部电动汽车充电基础设施建设》	到2020年，公共机构新建和既有停车场要规划建设配备充电设施（或预留建设安装条件）比例不低于10%；中央国家机关及所属在京公共机构比例不低于30%；在京中央企业比例力争不低于30%
安全管理	中电联	《电动汽车充电基础设施信息安全防护指南》（征求意见稿）	在充电基础设施体系架构设计中，采用网络分段和隔离技术。对不同网段进行边界控制，对进行充电基础设施内部控制网络的数据和文件进行安全控制和安全监测
技术研发	住建部、质检局	《锂离子电池工厂设计规范（征求意见稿）》	电池年产能不低于1亿瓦时；正极材料年产能不低于2000吨；负极材料年产能不低于2000吨；隔膜年产能不低于2000万平方米；电解液年产能不低于2000吨；电解质年产能不低于500吨
智能网联	工信部、国标委	《国家车联网产业标准体系建设指南（智能网联汽车）（2017年）》（征求意见稿）	到2020年，初步建立能够支撑驾驶辅助及低级别自动驾驶的智能网联汽车标准体系；到2025年，系统形成能够支撑高级别自动驾驶的智能网联汽车标准体系
	工信部	《国家车联网产业标准体系建设指南（总体要求）（征求意见稿）》	针对车联网产业"十三五"发展需要，加快共性基础标准制定，加紧研制自动安全及辅助驾驶相关标准、车载电子产品关键技术标准、无线通信关键技术标准、先进驾驶辅助系统（ADAS）标准、面向车联网产业应用的5G eV2X关键技术标准制定，满足产业发展需求。到2020年，基本建成国家车联网产业标准体系

1. 发展新能源汽车产业对推动我国产业技术创新、电力能源体制改革、促进我国产业转型升级、实现我国经济结构的战略性转型升级具有重要意义。

2. 新能源汽车技术的核心问题是提升动力电池的能量密度、提高动力电池安全性和寿命、提高动力电池充电速度、降低动力电池成本等方面。

3. 纯电动和插电式混合动力汽车、燃料电池汽车是国内未来在新能源汽车领域的重点发展方向。

4. 纯电动汽车技术路径：提高动力电池能量密度、提高电驱动系统效率、底盘电动专用化。

任务工单1.1

任务名称	1.1　新能源汽车发展现状与趋势	学时	4	班级	
学生姓名		学生学号		任务成绩	
实训设备	北汽EV160纯电动汽车4辆、解剖车2辆、多媒体教学设备1套、学生用计算机4台。	实训场地	新能源汽车理实一体化教室	日期	
任务描述	目前，世界各国都在大力研发并推广新能源汽车。"中国制造2025"和"十三五"规划也把发展新能源汽车列为战略新兴产业。你知道为什么要发展新能源汽车吗？你能找到哪些关于新能源汽车发展的国家政策或文件？				
任务目的	以行动为导向，引导学生制订计划，通过多种方式获取汽车尾气与雾霾的关系及国家新能源汽车政策。在此过程中学习相关理论知识和实践操作技能。				

一、资讯

1. 新能源汽车技术的核心问题是提升动力电池的_____、提高动力电池安全性和寿命、提高动力电池_____、降低动力电池成本等方面。
2. 我国自主品牌新能源汽车产业发展目标为：产业化取得重大进展、产业竞争力显著提升、配套能力明显增强、逐步实现车辆_____与_____。
3. 电池包括_____和燃料电池；电机包括_____、变速器总成一体化技术；电控包括_____、_____、_____和车网融合等在内的新能源汽车电子控制技术。
4. _____和_____汽车、燃料电池汽车是国内未来在新能源汽车领域的重点发展方向。
5. 纯电动汽车技术路径：提高动力电池_____、提高电驱动系统_____、底盘电动专用化。
6. _____、_____、智能化是新能源汽车发展的核心技术。

二、计划与决策

请根据任务要求，确定所需要的检测仪器、工具，并对小组成员进行合理分工，制订详细的工作计划。

1. 需要的资料及用具

2. 小组成员分工

3. 工作计划

三、实施

1. 信息查找

通过手机、电视、互联网等媒介及查阅相关技术资料等方式，获取有关汽车尾气与雾霾的信息。

2. 归纳总结

（1）什么是雾霾

雾霾是_____和_____的统称。雾和霾两种不同的天气现象，通常混合在一起出现，尽管在定义上有明确的区别界定，但在实际观测和研究中却并不容易区分，所以经常统称为"_____"。

霾的组成成分则非常复杂，有害物质通常大部分富集在细颗粒物（PM2.5）上，目前已知的主要成分包括：硫酸盐、_____、铵盐、_____、地壳物质、含碳颗粒等。_____年1月4日，国家首次将雾霾天气纳入自然灾情进行通报。

（2）雾霾成因

1）人为因素——悬浮颗粒物。悬浮颗粒物是雾霾形成的主要原因。按照悬浮颗粒物的不同来源可分为_____、_____、道路交通及建筑工地扬尘、供暖所废气及其他。

2）气候因素。

① 逆温现象：是指城市大气高空气温_____于低空气温。城市大气垂直方向产生逆温后，会形成逆温层。逆温现象，使得大气层低空的空气_____运动受到限制，空气中悬浮微粒难以向高空飘散而被阻滞在低空和近地面，造成污染物聚集，形成雾霾。

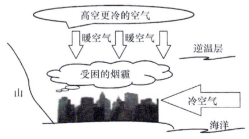

② 大气水平方向产生静风。在水平方向静风现象增多，城市里大楼越建越高，阻挡和摩擦作用使风流经城区时明显_____。静风现象增多，不利于大气中悬浮微粒的扩散稀释，容易在_____和近郊区周边积累。

3. 将国家新能源汽车政策填入下表中

类型	发布机构	相关政策
宏观		
财政		
基础设施		
安全管理		
技术研发		
智能网联		

四、检查

计划完成后，进行如下检查：

1）检查车辆、工具、设备是否复位：_____。
2）检查场地是否清洁：_____。
3）检查任务工单是否填写完整：_____。

五、评估

1. 请根据自己任务完成的情况，对自己的工作进行自我评估，并提出改进意见。

1）_____
2）_____

2. 工单成绩（总分为自我评价、组长评价和教师评价得分值的平均值）

自我评价	组长评价	教师评价	总分

学习单元 1.2　电工安全基础

任务导入

小王是某纯电动汽车 4S 店刚入职的维修工，师傅让小王抓紧学习汽车电工基本技能，以便快速地了解新能源汽车并能完成简单的维护维修作业。小王学习晶体管的开关作用时不是很理解，你能告诉小王晶体管是如何"开"和"关"的吗？

学习目标

1. 能通过与客户交流、查阅相关维修技术资料等方式获取车辆信息。
2. 能识别新能源汽车常用的电力电子器件。
3. 能说出新能源汽车常用电力电子器件的作用和工作特性。
4. 能进行简单的电路连接，对二极管、晶体管、MOS 管等器件进行测试。
5. 能识别新能源汽车高压系统部件及线束。
6. 能说出新能源汽车高低压标准及高压危害。
7. 能进行简单的急救操作。
8. 能在认知高压危险的过程中养成严谨细致的职业素养。

理论知识

1.2.1　电工常用术语和新能源汽车电力电子器件

1. 电的三要素

1）电流：电流是指流经电路的电流量，单位为安培，常用字母 A 表示。

2）电压：电压是使电流流过电路的一种压力，单位为伏特，常用字母 V 表示。电压越高，流过电路的电流就越大。

3）电阻：电阻是电子通过物体的困难程度，单位为欧姆，常用字母 Ω 表示。

2. 电的三大效应

1）热效应。当电流经过电阻时，电阻会产生热的现象，如点烟器、熔断丝等。

2）光效应。当电流经过电阻时，电阻会发光，如灯泡。

3）电磁感应。当电流经过导体或线圈时，导体或线圈周围空间会产生电磁场，如交流发电机、继电器等。

3. 电压

1）直流电压。电压值和极性保持不变的电压称为恒定（理想）的直流电压。电压值变化而极性保持不变的电压称为直流电压，如图 1-2-1a 所示。最常用的直流电压源如蓄电池，轿车蓄电池标称电压为 12V。纯电动汽车动力电池为直流电压，如北汽纯电动汽车 EV160 的动力电池额定电压为 320V。

2) 交流电压。数值大小和极性不断变化的电压称为交流电压,如图 1-2-1b 所示。交流电压的特点是其方向呈周期性变化。我国的单相交流电压为 220V,三相动力电压为 380V,频率为 50Hz。

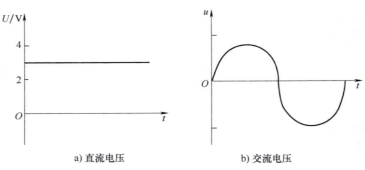

图 1-2-1　电压

4. 电流

电压是产生电流的原因,只有在闭合的电路内才会有电流流动。电流有直流电流、交流电流和脉动电流三种,如图 1-2-2 所示。

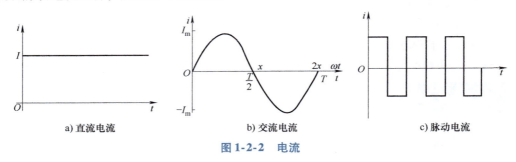

图 1-2-2　电流

1) 直流电流。电流流动不随时间改变,这种电流称为直流电流,用 DC 表示,电流方向从正极流向负极。

2) 交流电流。电流的大小和方向呈周期性变化,这种电流称为交流电流,用 AC 表示。

3) 脉动电流。在一个电路中,直流电源和交流电源可同时起作用,就会产生脉动电流。脉动电流是直流电流和交流电流叠加的结果。

5. 电阻

电阻元件是反映电流热效应这一物理现象的理想电路元件,用字母 R 表示,简单说就是阻碍电流流动的效应。导体本身的电阻取决于导体的尺寸、电阻率和温度。导体越长电阻值越大,导体横截面越大电阻越小。

电阻可分为定值电阻、可调电阻和敏感电阻。阻值不能调节的,称为定值电阻或固定电阻,而阻值可以调节的,称为可调电阻。除了常规的电阻器外,还有一些新型电阻器,又称为敏感电阻器,是指器件特性对温度、电压、湿度、光照、气体、磁场、压力等作用敏感的电阻器。敏感电阻的符号是在普通电阻的符号中加一斜线,并在旁标注敏感电阻的类型,新型电阻器主要有压敏电阻、热敏电阻、光敏电阻等,这些新型电阻器被广泛应用于汽车上。按封装类型不同,有直插式电阻和贴片式电阻两种;按电阻材料不同,有金属膜电阻、碳膜电阻、水泥电阻、绕线电阻；按功率大小不同，有 1/8W、1/4W、1/2W、1W、2W 等；按精度不同，有普通电阻和精密电阻。常见的电阻器外形如图 1-2-3 所示。

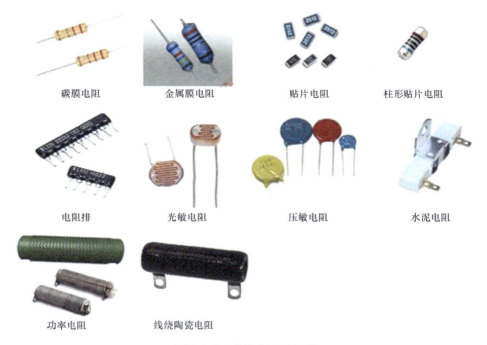

图 1-2-3　常见电阻器外形

电阻在电路中的作用很多，常用作分压器、分流器和负载电阻；它与电容器一起可以组成滤波器及延时电路；在电源电路或控制电路中用作取样电阻；在晶体管电路中用偏置电阻确定工作点；用电阻进行电路的阻抗匹配；用电阻进行降压或限流；在电源电路中作为去耦电阻使用等。图 1-2-4 所示为北汽纯电动汽车 EV160 电机控制器内部的功率电阻和贴片电阻。

图 1-2-4　功率电阻和贴片电阻

6. 电容

任何两个彼此绝缘且相隔很近的导体（包括导线）间都构成一个电容器。组成电容器的两个导体称为极板，中间的绝缘材料称为电介质，如图 1-2-5 所示。常用电容按介质区分有纸介电容、油浸纸介电容、金属化纸介电容、云母电容、薄膜电容、陶瓷电容、电解电容等。在构造上，电容又分为固定电容器和可变电容器。电容器对直流电阻力无穷大，即电容器具有隔直流作用；电容器对交流电的阻力受交流电频率影响，频率越高，阻力越小；频率越低，阻力越大。

把电容的两极分别与直流电源的正负极相接后，与电源正极相接的极板上的电子被电源正极吸引使极板带正电荷，电容器另一个极板会从电源负极获得等量的负电荷，从而使电容器存储了电荷，这种使电容器存储电荷的过程叫充电。充电后，电容器两极板总是带等量异种电荷，两极板之间形成电场，具有电场能，和负载接通回路时能够向负载放电。一些常用的电容器外形如图 1-2-6 所示。北汽纯电动汽车 EV160 电机控制器内部的电解电容和贴片电容如图 1-2-7 所示。

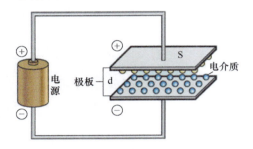

图 1-2-5　电容

图 1-2-6　常见电容器外形

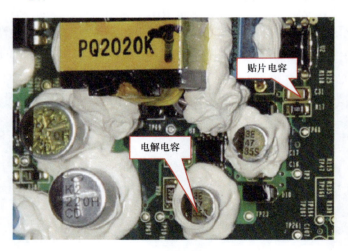

图 1-2-7　电解电容和贴片电容

电容器是储存和容纳电荷的装置，也是储存电场能量的装置。电容器和电阻在汽车中大量使用，汽车上的控制模块都离不开电容。电容器是电力电子设备中大量使用的电子元件之一，广泛应用于隔直、耦合、旁路、滤波、调谐回路、能量转换等。由于电容的储能作用，当电路断电后，电容两端的电荷不能瞬间消失，需要对外放电才能使电容两端电压降为 0V，所以在电容没有放电完成前,不要触碰电容正负极,以免触电。

7. 线圈和电感

线圈在新能源汽车上有多种应用,例如在车辆电气系统上,用在电机和继电器内;在车辆电子系统上,用在感应式传感器内,用于测量转速等数据。另外,线圈还用于能量输送,例如变压器。常见线圈如图1-2-8所示。

电感是衡量线圈产生电磁感应能力的物理量。给一个线圈通入电流,线圈周围就会产生磁场,线圈就有磁通量通过。磁力线的形状为闭合的圆圈。磁场的方向可通过右手螺旋定则判断。通入线圈的电流越大,磁场就越强,通过线圈的磁通量就越大。实验证明,通过线圈的磁通量和通入的电流是成正比的,它们的比值叫做自感系数,也叫做电感。在线圈中放入铁心可使磁场强度增大,带有铁心的线圈称为电磁铁。

将线圈应用在继电器内,通电时产生磁场,形成电磁吸力,使开关闭合或断开,实现用小电流控制大功率电路的目的。

8. 电磁感应

导体或线圈在磁场中运动时,导体或线圈内就会产生一个电压;或者磁场强度改变时,导体或线圈内也会产生电压,该过程称为电磁感应,产生的电压称为感应电压,如图1-2-9所示。感应电压的大小与磁场强度、电导体移动速度或磁通量的变化率等因素有关。

图1-2-8 常见线圈

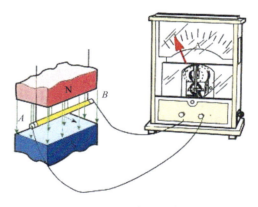

图1-2-9 电磁感应

9. 半导体

半导体是电导率处于强导电性金属和绝缘体之间的材料。为了有目的地影响或控制半导体的电导率,将杂质掺入半导体,掺杂时加入具有特定晶体结构的不同化合价外部原子。在室温条件下半导体的导电性很低,半导体受到热、光、电压形式的能量或磁场影响时,其电导率就会发生变化。由于半导体对压力、温度和光线很敏感,因此也是理想的传感器材料。

(1)二极管 二极管是一种由两种不同的半导体区域,即P层和N层构成的电子元件。使用塑料或金属外壳对半导体晶体进行保护,以免受到机械损伤。两种半导体层与外部进行电气连接,P层形成阳极,N层形成阴极。二极管结构和电路符号如图1-2-10所示。

二极管的最大的特性是单向导电性,也就是电流只可以从二极管的一个方向流过。二极管按材料分为有硅二极管和锗二极管。硅二极管的开启电压一般在0.7V左右,锗二极管开启电压一般在0.3V左右。对硅二极管而言,也就是当阳极电压大于阴极电压0.7V时,二

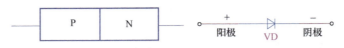

图 1-2-10　二极管结构和电路符号

极管即可从阳极到阴极导通,反向则不导通。二极管的作用有整流、检波、稳压等,是常用的电子元件之一。

汽车上用到很多发光二极管（LED）、光敏二极管、稳压二极管和整流二极管等。发光二极管正向导通时能够发光,如图 1-2-11 所示。发光二极管比普通灯泡发热小、寿命长,工作电压低。可以用万用表判断二极管的好坏,方法为:将万用表调至电阻档,测量二极管两端电阻,如果正向电阻很小,反相电阻很大,这就说明二极管是好的。

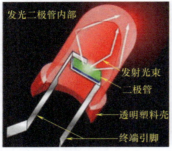 

图 1-2-11　发光二极管

（2）晶体管　晶体管是由三个半导体层组成的电子元件,每个半导体层都有一个电气插头。根据半导体层的分布方式不同分为 NPN 型晶体管和 PNP 型晶体管。这三个半导体层及其插头称为发射极（E）、基极（B）和集电极（C）。晶体管结构和电路符号如图 1-2-12 所示。常见的晶体管外形如图 1-2-13 所示。

晶体管有截止、放大、饱和三种工作状态。放大状态主要应用于模拟电路中,且用法和计算方法也比较复杂。数字电路主要使用的是晶体管的开关特性,只用到了截止与饱和两种状态,是一种电流控制型半导体器件。在功率电路中,常见晶体管当作电子开关使用,用来驱动功率器件,实现小电流控制大电流的目的。

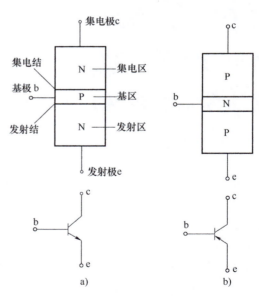

图 1-2-12　晶体管结构和电路符号

下面以硅管为例介绍晶体管的应用。NPN 型晶体管的应用如图 1-2-14a 所示,控制信号经限流电阻 R_C 与基极连接,发射极与电源负极连接,集电极经限流电阻 R 与负载后与电源正极 V_{CC} 连接。只要基极电压大于发射极电压 0.7V,NPN 型晶体管即可导通。即当控制信号大于 0.7V 时,晶体管导通,负载工作;当控制信号 ≤0V 时,晶体管截止。PNP 型晶体管的应用如图 1-2-14b 所示，控制信号经限流电阻 R_C 与基极连接，发射极与电源 V_{CC} 连接，集电极经负载后与电源负极连接。当控制信号比 V_{CC} 小 0.7V 以上时，PNP 晶体管就导通，负载工作；当控制信号 $\geq V_{CC}$ 时，PNP 晶体管截止。

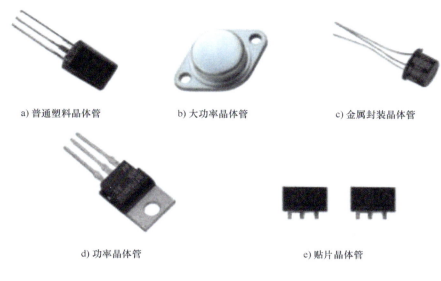

图 1-2-13 常见晶体管外形

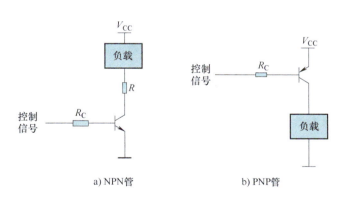

图 1-2-14 晶体管应用

（3）MOS 管（场效应管） MOS 管的英文全称为 MOSFET（Metal Oxide Semiconductor Field Effect Transistor），即金属氧化物半导体型场效应管，属于场效应管中的绝缘栅型。因此，MOS 管有时被称为绝缘栅场效应管。MOS 管结构及电气符号如图 1-2-15 所示。G 称为 MOS 管的栅极，S 称为 MOS 管的源极，D 称为 MOS 管的漏极。MOS 管的栅极 G、源极 S、漏极 D，分别对应于晶体管的基极 b、发射极 e、集电极 c，它们的作用相似。

MOS 管与二极管和晶体管不同。二极管只能通过正向电流，反向截止，不能控制；晶体管通俗讲就是小电流放大成受控的大电流，功率较小；MOS 管是实现小电压控制大电流，功率较大。常见 MOS 管外形如图 1-2-16 所示。

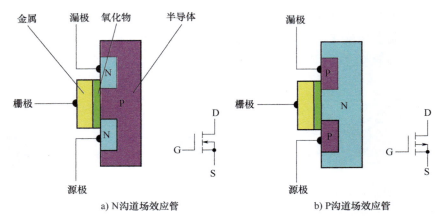

图 1-2-15　MOS 管结构及电气符号

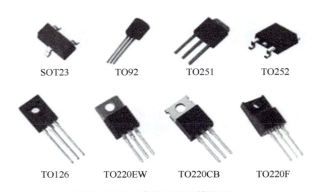

图 1-2-16　常见 MOS 管外形

MOS 管按沟道材料类型不同，分为 N 沟道和 P 沟道两种；按导电方式不同，MOS 管可分为耗尽型与增强型。所以 MOS 场效应晶体管分为 N 沟道耗尽型和增强型、P 沟道耗尽型和增强型四大类，如图 1-2-17 所示。MOS 管是多数载流子参与导电，温度稳定性好，开关频率高，功耗低。在电力电子电路中，MOS 管通常被用于放大电路或大功率开关电路，例如电磁炉的加热控制、小功率电机的驱动控制等。

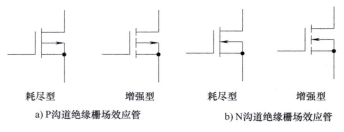

图 1-2-17　MOS 管类型

（4）IGBT（绝缘栅双极型晶体管）　IGBT（Insulated Gate Bipolar Transistor）称为绝缘栅双极型晶体管，是由 BJT（双极型晶体管）和 MOS（绝缘栅型场效应管）组成的复合全控型电压驱动式功率半导体器件，其输入极为 MOSFET，输出极为 PNP 晶体管，IGBT 结构、等效电路及电气符号如图 1-2-18 所示。

由 IGBT 等效电路可知，若在 IGBT 的栅极和发射极之间加上驱动正电压，则 MOSFET 导通，这样 PNP 晶体管的集电极与基极之间成低阻状态而使得晶体管导通；若 IGBT 的栅极和发射极之间电压为 0V，则 MOS 截止，切断 PNP 晶体管基极电流的供给，使得晶体管截止。IGBT 与 MOSFET 一样也是电压控制型器件，在它的栅极与发射极间施加十几伏的直流电压，只有微安级的漏电流流过，基本上不消耗功率。

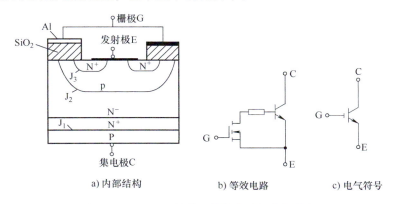

图 1-2-18 IGBT 结构、等效电路及电气符号

IGBT 既具有 MOSFET 器件驱动功率小和开关速度快的优点，又具有双极型器件饱和压降低而容量大的优点，其频率特性介于 MOSFET 与功率晶体管之间，可正常工作于几十千赫兹频率范围内，在较高频率的大、中功率应用中占据了主导地位，非常适合应用于直流电压为 600V 及以上的控制系统，如交流电机、变频器、开关电源、照明电路、牵引传动、新能源汽车等领域。为应用方便，目前厂家生产的多为 IGBT 模块，具有节能、安装维修方便、散热稳定等特点，某品牌 IGBT 模块外形如图 1-2-19 所示。

图 1-2-19 IGBT 模块外形

1.2.2 基本电路与信号

1. 基本电路

有 5 种基本电路，见表 1-2-1。

表 1-2-1 基本电路列表

电路	示意图	说明
通路		通路也叫回路，是指从电源的一端沿着导线经过负载，最终回到电源另一端的闭合回路

（续）

电路	示意图	说明
断路		断路也叫开路，断开开关，电源构不成回路，此时电路中的电流为零
短路		负载被导线直接短接或负载内部击穿损坏，电荷没有经过负载，直接从正极到达负极，此时流过电路的电流很大
串联		两个或多个元件首尾相接在电路中，使电流只有一条通路，这种连接方式叫串联。串联电路电流相等，各部分电压之和为总电压，各部分电阻之和为总电阻
并联		若干个元件首与首连接，尾与尾连接，接到一个电源上，这种连接方法叫并联。并联电路负载电压相等为电源电压，各支路电流之和为总电流，各支路电阻的倒数之和为总电阻的倒数

2. 模拟信号和数字信号

（1）模拟信号　模拟信号的特点是可以为 0～100% 之间的任何数值，如图 1-2-20 所示。例如，热敏电阻的电压与温度的变化关系。

（2）二进制信号　二进制信号只能识别两种状态，如触点的断开/闭合、继电器的释放/吸和、灯开/关等。在汽车电路中，许多信息都使用二进制方式记录、处理和输出。两种状态使用"0"和"1"或者"低"和"高"描述，如图 1-2-21 所示。

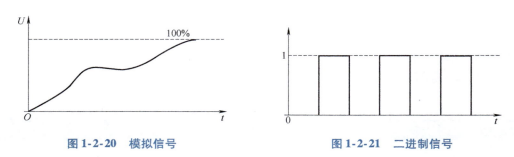

图 1-2-20　模拟信号　　　　　　图 1-2-21　二进制信号

（3）数字信号　汽车电子控制系中涉及比二进制信号更为精确的信息和测量值，需要将模拟信号转化为数字信号进行处理。以八位计算机为例，数字 0～7 用二进制来表示，见表 1-2-2。

表 1-2-2 数字信号表示方法

十 进 制	二进制数字信号			
0	0	0	0	0
1	0	0	0	1
2	0	0	1	0
3	0	0	1	1
4	1	0	0	0
5	1	0	0	1
6	1	0	1	0
7	1	1	1	1

1.2.3 集成电路与控制器

集成电路简称 IC（integrated circuit），是通过特殊的半导体工艺方法，把晶体管、电阻及电容等电路元器件和它们之间的连线，全部集成在同一块半导体基片上，最后再进行封装，做成一个完整的电路。某品牌纯电动汽车整车控制器上的 IC 芯片 MPC5644A、MC9S12C64 及 CAN 通信模块等，如图 1-2-22 所示。

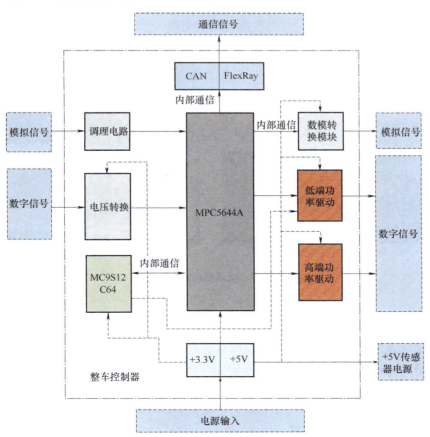

图 1-2-22 IC 芯片应用

将IC芯片、电阻、电容、电感、二极管、晶体管、MOS管、IGBT等电力电子器件焊接在电路板上，再将控制程序下载到IC芯片内，就构成了一个控制器。整车控制器结构上可分为控制电路和功率电路两部分。控制电路负责完成信号的接收、调整、电压转换、数据的计算、分析与处理、通信等，功率电路完成对继电器、灯光、电机、指示灯等部件的驱动控制。对于新能源汽车的驱动电机控制器来讲，驱动电路将控制电路的控制信号进行功率放大，驱动电机进行正反转、起步、加速与减速等动作。在控制器设计时，为减少功率电路对控制电路的干扰，通常将控制电路板和功率电路板分开，设计成上、下两层。图1-2-23所示为北汽EV160纯电动汽车的驱动电机控制器结构。

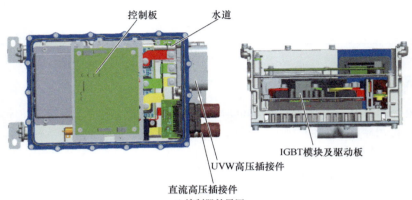

a) 控制器效果图

b) 位于上层的控制板

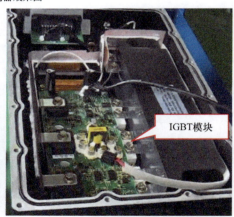

c) 位于下层的驱动板

图1-2-23 驱动电机控制器结构

1.2.4 新能源汽车高压系统及高低压标准

具有高电压系统是新能源汽车与传统汽车的最大区别之一，如图1-2-24所示。新能源汽车电压等级可高达200~600V，如北汽EV160纯电动汽车的动力电池额定电压为320V，特斯拉动力电池额定电压达到366V；丰田普锐斯混合动力汽车的动力电池额定电压为201.6V，比亚迪插式混合动力汽车的动力电池高达500V。如此高的电压，在带电作业时如果防护不当，将会引起触电事故。

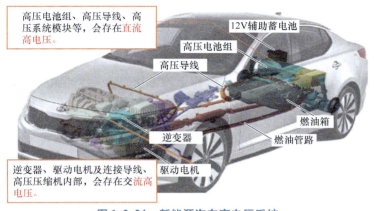

图 1-2-24 新能源汽车高电压系统

注：高电压汽车具有直流高压、交流高压。

对此，在 GB/T 18384.3—2015 电动汽车安全要求第 3 部分，即人员触电防护标准中，根据最大工作电压 U，对电气元件或电路分为以下等级，见表 1-2-3。A 级为低压，不要求提供触电防护；B 级为高压，对于任何 B 级电压电路的带电部件，都应提供危险接触的防护。

表 1-2-3　电路的电压等级

电压等级	最大工作电压/V	
	直　流	交流（rms）
A	$0 < U \leq 60$	$0 < U \leq 30$
B	$60 < U \leq 1500$	$30 < U \leq 1000$

在车辆系统中，高压系统线束和插头均为橙色。图 1-2-25 所示为北汽 EV160 纯电动汽车的整车高压系统，包括动力电池组、高压控制盒、DC/DC 转换器、车载充电机及接口、直流快充接口、驱动电机、电机控制器、检修开关等高压部件及其连接高压部件的高压线束，还有电动空调压缩机、PTC 加热器等高压附件及其线束。上述所有电器部件或线束，工作电压均高于直流 60V 和交流 30V，在带电作业时必须采取防护措施。

图 1-2-25　北汽 EV160 纯电动汽车整车高压系统

1.2.5 高压危害

如果新能源汽车的用户和维修者对高压系统缺乏了解,在对车辆进行清洗或维护保养时很可能会操作不当,引发触电,对人员造成伤害甚至死亡。所谓触电,是指人体触及带电体时,电流对人体所造成的伤害。高电压之所以危险,是因为人体的肌肉、皮肤以及血管中的血液都可以导电,当高电压加载到人体后,在人体内会形成电流。触电电流对人体的伤害是多方面的。根据伤害的性质不同,触电可分为电伤和电击两种。

电伤是指由于电流的热效应、化学效应和机械效应对人体的外表造成的局部伤害,如电灼伤、电烙印和皮肤金属化等。电击是指电流流过人体内部造成人体内部器官的伤害。电击使人致死的原因有三方面:

1)流过心脏的电流过大、持续时间过长引起"心室纤维性颤动"而致死,如图 1-2-26 所示。

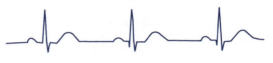

图 1-2-26 心室纤维性颤动

2)电流作用使人窒息而死亡。
3)电流作用使心脏停止跳动而死亡。

发生触电事故后,务必请医生治疗,以便检查所有身体功能是否正常,因为可能在触电数日才出现后续伤害。

通过人体的电流所引发的后果取决于接触位置电压的强度、流动的电流强度、电流的持续时间、电流的路径(最糟的情况是通过心脏)和电流的频率。通过人体的电流可分为感知电流、摆脱电流和致命电流三类。根据 VDE 0100 第 410 部分的对身体有害电流 4 个强度级别表明与电击持续时间有关的危险性大小,如图 1-2-27 ①~④强度范围所示。

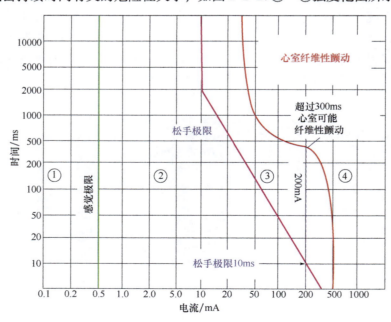

图 1-2-27 摆脱阈值

（1）感知电流　感知电流是指电流流过人体时可引起感觉的最小电流。感知电流的最小值称为感知阈值。成年男性平均感知电流约为 1.1mA（有效值）；成年女性约为 0.7mA。如图 1-2-27 所示，在强度范围①内，电流 0.1~0.5mA，对人无影响；在强度范围②内，电流 0.5~2mA 时，人体能感觉到电流；3~5mA 时，开始有痛感。

（2）摆脱电流　摆脱电流是指人在触电后能够自行摆脱带电体的最大电流。成年男性平均摆脱电流约为 16mA；成年女性平均摆脱电流约为 10.5mA；儿童的摆脱电流较成人要小。图 1-2-27 中，在强度范围②内，电流 10~20mA 时，开始麻木，达到松手极限值，即"摆脱阈值"，它会触发身体挛缩。这时人无法摆脱电源，电流的作用时长会因此显著延长。

（3）致命电流　致命电流是在短时间内危及生命的最小电流，其最小电流即致命阈值。致命电流与电流持续时间关系密切，如图 1-2-27 所示的强度范围③和强度范围④。当电流持续时间超过心脏周期（约 0.8s）时，致命电流仅为 50mA 左右。当电流持续时间短于心脏周期时，致命电流为数百毫安。当电流持续时间小于 0.1s 时，只有电击发生在心脏易损期，500mA 以上乃至数安的电流才能够引起心室颤动。需注意的是，交流电压引发人体内的交流电流，而该电流会触发肌肉和心脏颤动。交流电压的频率越低，其危险性越大。交流电会非常早地引发心室纤维颤动，如不能及时急救伤者，就会有生命危险。

电流路径及人体不同部位的等效电阻值如图 1-2-28 所示，该电阻值的大小会受人衣物的潮湿程度、皮肤湿度的影响而略有变化。如图 1-2-29 所示，当人体两手接触到一个 288V 直流电压时，利用欧姆定律可以获得如下计算：

$$I = U/R = 288V/1080\Omega = 0.27A$$

由图 1-2-27 可知，人体通过 0.27A 的电流，持续时间大约超过 0.2s 就可能会引发心室纤维性颤动，就会有生命危险。

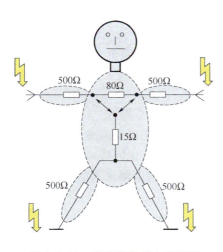

图 1-2-28　电流路径及人体不同部位的等效电阻

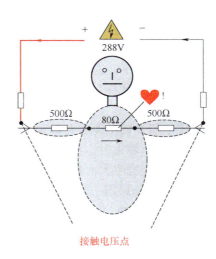

图 1-2-29　人体两手接触 288V 直流电压

1.2.6 急救

1. 电气伤害救助

在发生意外事故、公共危险或紧急危难时，具有急救资格且能保证自己生命安全的情况下，应立即采取救助措施，电气伤害救助流程如图1-2-30所示，首先将事故电路断开，然后拨打急救电话，在医生到来之前检查触电人员体征并进行急救。

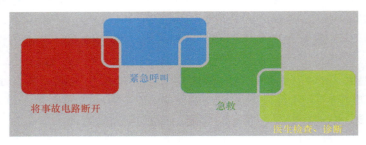

图1-2-30 电气伤害救助流程

> 对于触电人员的救助，要注意以下几点：
> 1）保持冷静，切勿直接触碰接触电压的人员！
> 2）如果可能的话，立即切断电力设备的电源！（在高电压车辆上关闭点火开关或者立即拔下保养插头）
> 3）使用不导电的工具（木板、扫帚柄等）将伤者或者电流导体与电源分开。

2. 电气火灾救助

电气火灾救助要注意以下几点：
1）做好自我防护，切勿吸入烟气。
2）向消防部门报警。
3）当消防人员到场后须告知火灾涉及的高压汽车。
4）需要的情况下，去除附近的火源，或者使用覆盖法确保安全。
5）在扑灭电力设备上的火灾时，需使用二氧化碳（CO_2）灭火器或者干粉灭火器，也可使用灭火毯。
6）不可使用二氧化碳灭火器为身上着火的人灭火（窒息危险）。

当新能源汽车着火时，可使用干粉灭火器灭火。如果只是动力电池着火，则推荐使用二氧化碳灭火器。当发生大面积或大的火灾时，持续大量的浇水也同样可以熄灭动力电池火灾（使用少量的水，如只用一桶，是危险的，实际上将加剧动力电池火灾的程度）。

1.2.7 心肺复苏（CPR）操作流程

心脏跳动停止者，如在4min内实施初步的CPR，在8min内由专业人员进一步心脏救生，死而复生的可能性最大，因此时间就是生命，速度是关键。心肺复苏（CPR）2015年国际新标准操作流程如下：

1）意识的判断：用双手轻拍病人双肩，问："喂！你怎么了？"告知无反应。

2）检查呼吸：观察病人胸部起伏 5～10s（1001、1002、1003、1004、1005…），告知无呼吸。

3）呼救：来人啊！喊医生！推抢救车！除颤仪！

4）判断是否有颈动脉搏动：用右手的中指和食指从气管正中环状软骨划向近侧颈动脉搏动处，告之无搏动（数1001，1002，1003，1004，1005…判断5s以上10s以下）。

5）松解衣领及裤带。

6）胸外心脏按压：两乳头连线中点（胸骨中下1/3处），用左手掌跟紧贴病人的胸部，两手重叠，左手五指翘起，双臂伸直，用上身力量用力按压30次（按压频率至少100次/min，按压深度至少5cm）。

7）打开气道：仰头抬颌法。口腔无分泌物，无假牙。

8）人工呼吸：应用简易呼吸器，一手以"CE"手法固定，一手挤压简易呼吸器，每次送气400～600mL，频率10～12次/min。

9）持续2min的高效率的CPR：以心脏按压：人工呼吸=30:2的比例进行，操作5个周期。（心脏按压开始送气结束）

10）判断复苏是否有效（听是否有呼吸音，同时触摸是否有颈动脉搏动）。

11）整理病人，进一步生命支持。

1.2.8 晶体管开关试验

1. 器材准备

准备稳压电源1台、面包板1块、NPN型晶体管1只、阻值500Ω左右的电阻1只、发光二极管1只、导线若干，如图1-2-31所示。

a）稳压电压　　　　　　　　　　b）晶体管、电阻等

图 1-2-31　所需器材

2. 电路连接

NPN 型晶体管，基极电压大于发射极电压 0.7V，晶体管导通，发光二极管点亮。按照图 1-2-32 所示电路连接各器件。其中，负载为发光二极管，注意发光二极管极性不要接错。

连接无误的电路如图 1-2-33 所示。其中，V_{CC} 为 5V 电源，由稳压电源输出通道 2 提供；控制信号为 0~1V 的可变电源，由稳压电源输出通道 1 提供，两路电源的负极共同接在晶体管的发射极上。

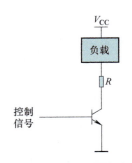

图 1-2-32　晶体管驱动发光二极管电路

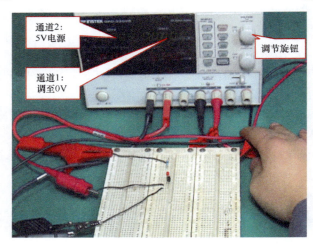

图 1-2-33　电路连接

3. 上电试验

检查无误后，打开稳压电源输出开关，此时由于晶体管没有导通，发光二极管没有点亮。调节稳压电源输出通道 1 的输出电压，当输出电压达到晶体管开启电压时，晶体管导通，发光二极管点亮，如图 1-2-34 所示。

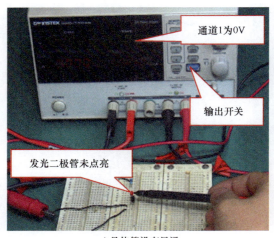
a) 晶体管没有导通

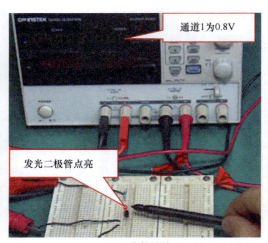
b) 晶体管导通

图 1-2-34　上电试验

单元小结

1. IGBT 具有驱动功率小、开关速度快、饱和压降低、容量大的优点。
2. 人员触电防护标准中，直流 60V 以上，交流 30V 以上，都应为人员提供危险接触的防护。
3. 在车辆系统中，高压系统线束和插头均为橙色，在带电作业时必须采取防护措施。
4. 通过人体的电流所引发的后果取决于接触位置电压的强度、流动的电流的强度、电流的持续时间、电流的路径（最糟的情况是通过心脏）和电流的频率。通过人体的电流可分为感知电流、摆脱电流和致命电流三类。

任务工单 1.2

任务名称	1.2 电工安全基础		学时	4	班级	
学生姓名			学生学号		任务成绩	
实训设备	北汽 EV160 纯电动汽车整车 2 辆、解剖车 2 辆、高压零部件展示柜 2 套、防静电工作台 4 张、稳压电源 4 台、面包板 4 块、剥线钳 4 把、NPN 晶体管若干、发光二极管若干、500Ω 电阻若干、导线若干。		实训场地	新能源汽车理实一体化教室	日期	
任务描述	小王是某纯电动汽车 4S 店刚入职的维修工，师傅让小王抓紧学习汽车电工基本技能，以便快速地了解新能源汽车并能完成简单的维护维修作业。小王学习晶体管开关作用时不是很理解，你能告诉小王晶体管是如何"开"和"关"的吗？					
任务目的	以行动为导向，引导学生制订计划，按照正确规范的电路连接完成晶体管开关试验。					

一、资讯

1. 请识别下图电力电子器件和物理现象，并将名称写在横线上。

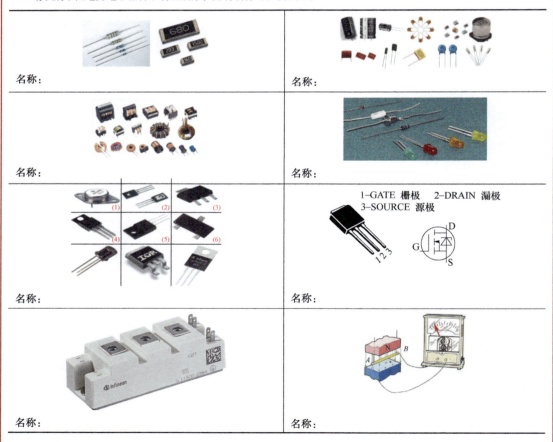

名称：　　　　　　　　　　　　　名称：

名称：　　　　　　　　　　　　　名称：

名称：　　　　　　　　　　　　　名称：

名称：　　　　　　　　　　　　　名称：

2. 电的三大效应分别是_____、_____、_____。
3. 电压值变化而极性保持不变的电压称为_____电压，数值大小和极性不断变化的电压称为_____电压。
4. 电压是产生电流的原因，只有在闭合的电路内才会有电流流动。电流有_____电流、_____电流和_____电流三种。
5. GB/T 18384.3—2015 电动汽车安全要求第 3 部分，即人员触电防护标准，A 级（直流_____V 以下，交流_____V 以下）为低压，不要求提供触电防护；B 级（直流_____V，交流_____V）为高压，对于任何 B 级电压电路的带电部件，都应提供危险接触的防护。
6. 在车辆系统中，高压系统线束和插头均为_____，在带电作业时必须采取防护措施。
7. 触电，是指人体触及带电体时，_____对人体所造成的伤害。触电电流对人体的伤害是多方面的。根据伤害的性质不同，触电可分为_____和_____两种。
8. 通过人体的电流所引发的后果取决于_____、_____、_____、_____和电流的频率。通过人体的电流可分为_____、_____和致命电流三类。
9. 电气伤害救助时，首先将事故电路_____，然后拨打急救电话，在医生到来之前检查触电人员体征并进行急救。

二、计划与决策

请根据任务要求，确定所需要的检测仪器、工具，并对小组成员进行合理分工，制订详细的晶体管开关实验工作计划。

1. 需要的资料及用具

2. 小组成员分工

3. 工作计划

三、实施

1. 器材准备

准备_____1 台、面包板 1 块、NPN 型晶体管 1 只、阻值_____Ω 左右的电阻 1 只、发光二极管 1 只、导线若干。将下图中设备的功能填写在方框内。

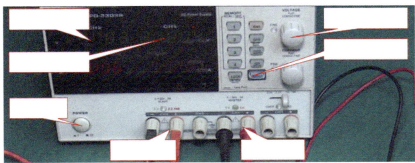

2. 电路连接

NPN 型晶体管，基极电压大于发射极电压_____V，晶体管导通，发光二极管点亮。在防静电工作台上，按照下图所示电路连接各器件。其中，负载为发光二极管，注意发光二极管极性不要接错！

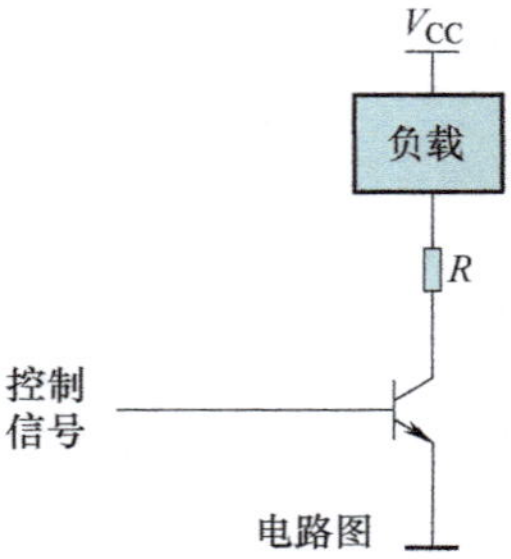

电路图 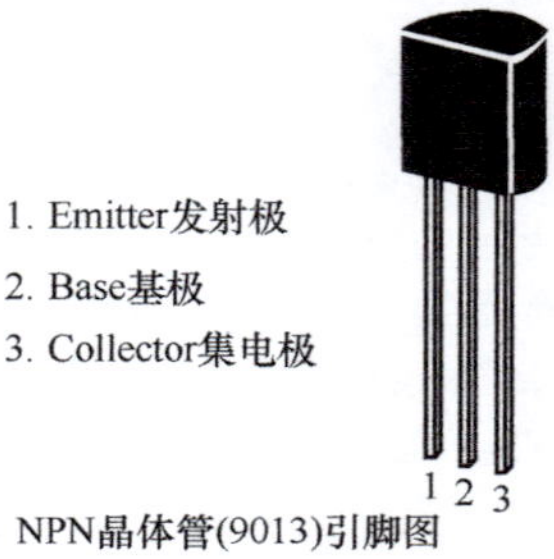　　　　　　　　　NPN晶体管(9013)引脚图

1. Emitter 发射极
2. Base 基极
3. Collector 集电极

1）V_{CC} 为_____，由稳压电源输出通道 2 提供；
2）控制信号为_____，由稳压电源输出通道 1 提供；
3）两路电源的负极共同接在晶体管的_____上。
4）直插式发光二极管，长引脚为_____极，短引脚_____极。也可用万用表判断二极管正负极，将万用表调至电阻档，将红、黑表笔分别接触在二极管两端，如果万用表显示无穷大，将红、黑表笔反接，此时二极管应导通，则红表笔所接触的引脚为二极管的_____极，黑表笔所接触的引脚为二极管的_____极。

3. 上电试验

检查电路无误后，打开_____，此时控制信号电压为_____，晶体管_____，发光二极管没有点亮。调节稳压电源输出通道 1 的输出电压，发光二极管点亮时，说明晶体管导通，此时稳压电源输出电压为_____。

四、检查

试验完成后，进行如下检查：
1）检查仪器、工具、设备是否复位：_____。
2）检查场地是否清洁：_____。
3）检查任务工单是否填写完整：_____。

五、评估

1. 请根据自己任务完成的情况，对自己的工作进行自我评估，并提出改进意见。
1）_____
2）_____
2. 工单成绩（总分为自我评价、组长评价和教师评价得分值的平均值）

自我评价	组长评价	教师评价	总分

学习单元 1.3　个人防护与维修作业安全

任务导入

小王是某纯电动汽车 4S 店的维修工，早晨接到一辆故障车（EV160 纯电动汽车），师傅让小王对该纯电动汽车进行下电，以保证安全检修。你能告诉小王如何安全规范地对此车进行下电操作吗？

学习目标

1. 能正确识别和使用新能源汽车个人及车间防护用具。
2. 能正确识别高压系统警示标志。
3. 能正确识别和使用新能源汽车检测仪器、工具和设备。
4. 能正确规范地对纯电动汽车和混合动力汽车进行下电操作。
5. 能在高压安全防护和下电操作过程中提高安全防护意识和规范操作的职业素养。

理论知识

1.3.1　个人防护用具

对新能源汽车进行维修作业时，必须按照厂家维修手册要求进行。为防止作业时人的身体触碰到高压电，维修新能源汽车时需要佩戴个人防护用具。新能源汽车常用的个人高压防护用具包括绝缘手套、绝缘鞋、绝缘靴、绝缘服、防护眼镜、绝缘帽等，如图 1-3-1 所示。电气作业时应使用绝缘胶布覆盖所有的高压电线或端子。在电动车辆维修开关（也称维修塞）被拔出后，应使用绝缘胶布包住维修塞槽。

a) 绝缘手套

b) 绝缘鞋

c) 绝缘靴

d) 绝缘服

e) 防护眼镜

f) 绝缘帽

图 1-3-1　个人高压防护用具

在进行任何有关高压组件或线路的操作时，需要使用橡胶制成的绝缘手套，绝缘手套可防止双手触碰到高压电，这些手套通常被认为是电工手套。按照国家标准 GB/T 17622—2008《带电作业用绝缘手套》规定，绝缘手套电压等级共分 5 级，0 级绝缘手套的适用电压为 380V，1 级绝缘手套的适用电压为 3000V，2 级绝缘手套的适用电压为 10000V，3 级绝缘手套的适用电压为 20000V，4 级绝缘手套的适用电压为 35000V。新能源汽车用绝缘手套耐压等级需在 1 级以上，绝缘手套使用时要先进行测漏检查。防护眼镜可防止腐蚀液体或电弧伤害眼睛。绝缘鞋可防止高压电通过大地与人体形成导电回路，主要适用于高压电力设备方面电工作业时作为辅助安全用具，在 1kV 以下可作为基本安全用具。绝缘帽可以防止头部触碰到高压电。绝缘服可以防止身体触碰到高压电。

1.3.2 车间防护设备

新能源汽车常用的车间防护设备主要有防静电工作台、绝缘胶垫、灭火器、隔离带、车间警示标志等。

1. 防静电工作台

防静电工作台如图 1-3-2 所示，在对新能源汽车电力电子部件或总成进行检测时，防静电工作台可防止静电击穿电力电子元器件。

图 1-3-2　防静电工作台

2. 绝缘胶垫

绝缘胶垫又称为绝缘毯、绝缘垫、绝缘胶皮、绝缘垫片等，如图 1-3-3 所示。绝缘胶垫具有较大体积电阻率，耐电击穿，用于配电等工作场合的台面或铺地绝缘材料，能起到较好的绝缘效果。

3. 灭火器

灭火器有干粉式灭火器、泡沫式灭火器及二氧化碳灭火器等。干粉灭火器使用方便、有效期长，一般家庭使用的灭火器都是这一类型，如图 1-3-4 所示，它适用于扑救各种易燃、可燃液体和易燃、可燃气体火灾，以及电气设备火灾；泡沫灭火器适用于扑救各种油类火灾和木材、纤维、橡胶等固体可燃物火灾；二氧化碳灭火器灭火性能高、毒性低、腐蚀性小、灭火后不留痕迹，使用比较方便，它适用于各种易燃、可燃液体和可燃气体火灾，还可扑救仪器仪表、图书档案和低压电气设备以及 600V 以下的电器初起火灾。

图 1-3-3　绝缘胶垫　　　　图 1-3-4　干粉灭火器

新能源汽车火灾是指纯电动汽车、油（气）电混合动力汽车、插电式混合动力汽车及其他新能源汽车，由于发生交通事故、自身设备故障或引燃等原因，导致车辆起火，造成人员伤亡和财产损失的灾害。当新能源汽车发生火灾时，应及时报警并根据现场情况帮助救助被困人员。如果火势处于初起阶段，且有被困人员时，可使用干粉灭火器对火势进行压制；当无被困人员时，可使用干粉灭火器或二氧化碳灭火器对火势进行压制。

4. 隔离带

隔离带是将车辆高压电气系统的作业场地隔离，防止其他人员随意进入，起到隔离和警示的作用，如图 1-3-5 所示。

图 1-3-5　隔离带

5. 车间警示标志

车间警示标志如图 1-3-6 所示，提醒人员电气设备高压危险。

图 1-3-6　警示标志及含义

1.3.3　常用仪器、工具和设备

1. 万用表

万用表可以用来测量电路中的电流、电压及电阻，以及测试电路的通断和测试二极管等。常用的数字万用表组成如图 1-3-7 所示。

2. 绝缘电阻表

绝缘电阻表，也称兆欧表，是电工常用的一种测量仪表，以兆欧（MΩ）为单位。兆欧表主要用来检查电气设备、家用电器或电气线路对地及相间的绝缘电阻，以保证这些设备、电器和线路工作在正常状态，避免发生触电伤亡及设备损坏等事故。图 1-3-8 所示为数字绝缘电阻表，常适用于变压器、电机、线缆、开关、电器等各种电气设备及绝缘材料的绝缘电阻测量，同时也可显示绝缘电阻电压的实际值（50V/100V/250V/500V/1000V），绝缘电阻测试高达10GΩ。由于绝缘测试时测试表笔输出高压电，因此进行绝缘测试时需要佩戴绝缘手套。

图 1-3-7　数字万用表　　　　　　图 1-3-8　数字绝缘电阻表

3. 数字钳形表

数字钳形表是一种用于测量正在运行的电气线路的电流大小的仪表，可在不断电的情况下测量电流，是专门测量大电流的电工仪器。数字钳形表分为直流钳形表、交流钳形表和交直流钳形表三种。交直流电流钳形表如图1-3-9所示，该钳形表可进行交直流电压和电流测量，在交流和直流模式下，可读取高达1000V的电压和1000A的电流，并能够测量高达500Hz的频率。

4. 示波器

示波器是一种用途十分广泛的电子测量仪器，它能把肉眼看不见的电信号变换成看得见的波形，便于人们研究各种电现象的变化过程。示波器有单通道示波器、双通道示波器和多通道示波器。

利用示波器能观察各种不同信号幅度随时间变化的波形曲线，还可以用它测试各种不同的电量，如电压、电流、频率、相位差、调幅度等，常用的便携式多通道数字示波器如图1-3-10所示。

 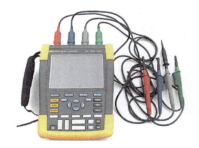

图 1-3-9　数字钳形表　　　　　　图 1-3-10　便携式示波器

5. 红外测温仪

红外测温仪（图1-3-11）就是将物体发出的不可见红外能量转变为可见的热图像。热图像上面的不同颜色代表被测物体的不同温度。温度往往是电气或机械设备发生故障的早期征兆。电气设备中的热点往往意味着短路、熔丝烧毁或过载。总体而言，工作温度越高，由于会破坏绝缘并且导电材料的电阻升高，电气元件的寿命越短。此外，机械设备中温度升高的趋势可能预示着过载或需要润滑。

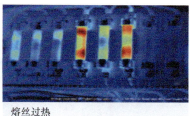

图 1-3-11　红外测温仪

红外测温仪是一种非接触式测温仪，在新能源汽车动力系统、制动系统、液压系统、牵引系统、传动系统、加热系统、精密加工等机械和动力场合应用广泛。

6. 蓄电池内阻测试仪

蓄电池内阻测试仪能够精确测量蓄电池两端电压和内阻，并以此来判断蓄电池电池容量和技术状态的优劣。现在的智能蓄电池测试仪既能准确测量蓄电池健康状态和荷电状态以及连接电阻，通过在线方式还能显示并记录单节或多组电池的电压、内阻、容量等重要参数，精确有效地挑出落后电池，并可与计算机及专用电池数据管理软件产生测试报告，跟踪电池的衰变趋势，并提供维护建议。电池内阻测试仪如图 1-3-12 所示。

图 1-3-12　蓄电池内阻测试仪

7. 测电笔

能够简单、方便、快捷地测量交直流电压，如图 1-3-13 所示。某品牌防水型测电笔基本技术参数见表 1-3-1。

表 1-3-1　某品牌防水型测电笔基本参数

基本功能		量程/V	基本精度
电压测量	AC	12～690	±(3%+5)
	DC	12～690	±(3%+5)

8. 直流高压放电工装

直流高压放电工装如图 1-3-14 所示，适用于 800V 以下的电压，可用于汽车、电视等电压较高的电容放电。高压电容放电器放电时不分正、负极，只要接触好电容两极即可。

9. 高压放电棒

高压放电棒（图 1-3-15）适用于高压输配电设备的检修、维护时使用。放电棒包括有绝缘材料制成的一段前棒体和一段后棒体，前棒体和后棒体分别连接在一个导电头的前后两端，导电头上连接有接地导线，前棒体前端安装有一个带有导电挂钩的前导体，后棒体的后端安装有手柄。放电棒前棒体为空心管件，其前后两端分别由前导体和导电头封闭，其内腔中充满导电的电阻液，前导体的后端还连接有一个电极，电极置于电阻液中。在室外各项高电压试验中使用，特别在做直流耐压试验后，对试品上积累的电荷，进行对地放电，确保人身安全。

图 1-3-13　测电笔　　　图 1-3-14　直流高压放电工装　　　图 1-3-15　高压放电棒

高压放电棒使用之前，应检查放电棒的外表、接地线、接地夹头和放电电阻；放电前，应先用接地夹头接在接地极上；放电时，手握握柄，慢慢地将放电棒导电头靠近被放电设备，直至完全接触，经过反复几次放电直至无火花后，才允许直接接地。

> 注意事项：对大电容量的设备，在进行直流耐压试验后的放电时，为防止放电电阻损坏，不要马上放电，等待2min后进行放电。放电时，操作人员必须穿戴绝缘靴、绝缘手套并站在绝缘垫上，以确保人身安全。

1.3.4　绝缘工具及安全使用

由于新能源汽车上的电压等级与传统车不同，在进行新能源汽车维护维修作业时，需要用满足绝缘等级要求的新能源汽车专用工具，如图1-3-16所示。

图 1-3-16　新能源汽车专用工具

1. 绝缘工具的定义

绝缘工具是指可在额定电压1000V（交流电压）和1500V（直流电压）的带电和近电工件或器件上进行维修作业的手工工具。

2. 绝缘工具依据的标准

欧盟标准 EN 60900：2012/VDE 0682 Part201《耐压最高为 1000V AC 和 1500V DC 的带电作业手工具》，该标准被国际电工委员会作为国际标准发布，IEC60900：2012《耐压最高为 1000V AC 和 1500V DC 的带电作业手工具》。我国于 2008 年等同采用国际标准 IEC 60900 制定了国家标准 GB/T 18269—2008《交流1kV、直流1.5kV 及以下等级带电作业用绝缘工具》。

新能源汽车常用绝缘工具，包括 1/2 公制六角套筒、12.5mm 绝缘快速脱落棘轮扳手、12.5mm 系列绝缘接杆、12.5mm 系列绝缘 T 形柄、12.5mm 系列绝缘内六角旋具套筒、10mm 系列绝缘六角套筒、绝缘快速脱落棘轮扳手、10mm 系列绝缘接杆、3/8″绝缘延长接杆、双色绝缘一字螺钉旋具、双色绝缘十字螺钉旋具、绝缘耐压斜嘴钳、绝缘耐压钢丝钳、绝缘耐压尖嘴钳、绝缘耐压活动扳手、防护式 VDE 电缆剥线刀、开口绝缘扳手、梅花绝缘扳手，可将这些设备放在一个工具车中，作为新能源汽车专用工具车。

绝缘工具在使用时要注意以下事项：
1）绝缘工具应避免高温烘烤，以防手柄或绝缘层变形。
2）在使用或存放时应避免利器割裂绝缘层。
3）在佩戴绝缘手套时，先戴一副面纱手套用以吸附手汗，操作时在绝缘手套外加戴一副帆布手套或羊皮手套，以防导线或电缆的断口划破绝缘手套，从而导致电击。
4）避免绝缘工具接触油类或溶剂类液体。
5）绝缘工具应定期进行耐压试验。

1.3.5 电动汽车维修作业安全

对新能源汽车高压系统进行检修，仅允许具备足够资质和知识的人员对车辆高压电气系统进行操作。根据 DIN VDE 0105 制定的高压装置安全操作规程，新能源汽车维修作业安全操作，一般遵循以下三点安全规程：
1）断电：断开来自高压系统的电压；
2）严防设备重新合闸：防止再次接通；
3）验电：确保高压系统断电。

因此，对新能源汽车进行维修作业前，先对车辆进行下电操作。不同车型下电步骤可能有所不同，下电前一定要详细阅读维修手册。实践技能部分将以 EV160 纯电动汽车为例，介绍纯电动汽车的下电步骤。

1.3.6 混合动力汽车维修作业安全

丰田普锐斯混合动力汽车的动力电池额定电压为 201.6V，下面以丰田普锐斯为例，介绍在对混合动力汽车进行维修时，规范的下电流程。

1. 关掉点火开关，将钥匙移开智能系统探测范围

如图 1-3-17 所示，关闭点火开关，拔出钥匙，并将钥匙放入口袋或锁在储物箱内。

图 1-3-17 关闭点火开关，拔出钥匙

2. 断开辅助电池负极端子

密封型辅助电池位于行李箱内，打开行李箱，寻找 12V 辅助电池，移开乘客侧装饰，断开电池的负极并适当固定，以防止端子移动回电池负极端子，如图 1-3-18 所示。

3. 检查绝缘手套

如图 1-3-19 所示，要求如下：无破损、无潮湿或水汽、是正确的类型。

图 1-3-18　断开辅助电池负极端子　　图 1-3-19　检查绝缘手套

4. 拆除维修开关

如图 1-3-20a 所示，找到维修开关位置，拆下 HV 高电压电池维修开关。将拆下的维修开关放在口袋中或锁在储物箱内，以防止其他人将它安装回车上去，并将裸露的维修开关槽使用绝缘胶布封住。当出现意外事故或类似情况，HV 电池的维修开关无法取下时，可以通过将在发动机室内的 HV 熔丝取下，达到断开高压线路的目，如图 1-3-20b 所示。

a) HV 电池维修开关　　　　　　　　　b) HV 熔丝

图 1-3-20　拆除维修开关

5. 给高压电容放电

等待 10min 或更长，以便变频器总成高电压电容放电。

6. 测量变频器端子电压（0V）

如图 1-3-21 所示，使用万用表测量变频器端子电压，确保电压为 0V。

7. 包裹高压线路插接器

如图 1-3-22 所示，用绝缘乙烯胶带包裹被断开的高压线路插接器。

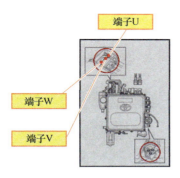

图 1-3-21 测量变频器端子电压

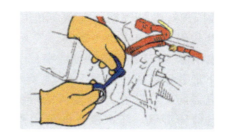

图 1-3-22 包裹高电压线路插接器

1.3.7 检修车辆高压系统时的注意事项

1）所有橙色的线均带高电压，可能危及生命。
2）不得将喷水软管和高压清洗装置直接对准高电压部件。
3）高电压插头上不可使用机油、润滑脂和触点清洗剂等。
4）在高电压导电部件附近进行检修工作时，必须先让系统下电。
5）在进行焊接、用切削工具加工以及用尖锐工具进行操作时，必须先让系统下电。
6）所有松开了的高电压插头必须严防进水和污物。
7）损坏的导线必须予以更换。
8）佩带有电子/医学生命和健康维持装置的人（比如带心脏起搏器）不得检修高压系统。
9）必须使用合适且经过认可的测量仪器。
10）检修进水的高电压系统时要非常小心。（潮湿的部件，尤其是带有融雪盐的部件是非常危险的。）

为保证检修高电压系统的安全而需要的辅助用具：耐酸、耐压的安全手套；绝缘的劳保鞋；合适的高电压防护工具；护目镜；绝缘盖布。

1.3.8 车辆自身的人员触电防护机制

1）具备基本绝缘、附加绝缘、双重绝缘和加强绝缘要求；
2）高电压部件有绝缘外壳保护；
3）高电压部件必须有好的防水性；
4）漏电、碰撞后会自动断电。

1.3.9 外壳防护等级

1. 外壳防护等级的定义

外壳防护等级就是指电气设备的外壳对下述内容的防护能力：
1）防止人体接近壳内危险部件；
2）防止固体异物进入壳内设备；

3）防止由于水进入壳内对设备造成有害的影响。

2. IP 的组成

目前，我国现行的外壳防护等级标准是《外壳防护等级（IP 代码）》GB 4208—2008。

IP 代码由字母（IP）、两位特征数字、一位附加字母、一位补充字母组成，如图 1-3-23 所示。第 1 位数字表示电器防尘、防止外物侵入的等级，第 2 位数字表示电器防湿气、防水侵入的密闭程度，数字越大表示其防护等级越高，防尘等级最高级别为 6，防水等级最高级别为 8。附加字母所表示的是对接近危险部件的防护等级，补充字母所表示的是进行试验的补充要求。附加字母和补充字母可省略。电动车辆采用的是 IP67 的防护等级。

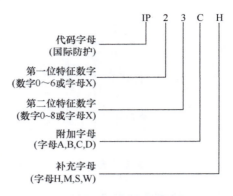

图 1-3-23　IP 代码的组成

1.3.10　北汽 EV160 纯电动汽车下电操作

1. 安全提示

1）所有橙色的线均带高压，可能危及生命；
2）不准用水冲洗擦拭电气设备；
3）雷雨天气，禁止室外对车辆充电和维修维护；
4）发现有人触电，应立即切断电源进行抢救，在未脱离电源前不准直接接触触电者。

2. 北汽 EV160 纯电动汽车下电操作

电动汽车作业包括带电作业和非带电作业，带电作业需要佩戴个人高压防护用具。进行非带电作业（如绝缘检测、拆卸高压线束或更换高压部件等）之前，应先按照操作规范进行下电操作。

第一步：检查场地及安装警戒标志
1）检查场地，确认符合作业环境；
2）拉警戒遮拦，如图 1-3-24a 所示；
3）悬挂警戒标志，如图 1-3-24b 所示；
4）检查自身，确认没有佩戴金属饰品、钥匙、硬币等；
5）将佩戴的金属饰品、钥匙、硬币等放入储物箱；
6）锁好储物箱；
7）找一名监护人。

第二步：切断低压电源
1）安装三件套；
2）拔下钥匙，如图 1-3-25a 所示；
3）将钥匙放到储物箱里；

4）将储物箱锁好；
5）打开机舱盖；

a) 拉警戒遮拦

b) 悬挂警戒标志

图 1-3-24 拉警戒遮拦及悬挂警戒标志

6）安装翼子板布，格栅布；
7）断开低压蓄电池负极端子，如图 1-3-25b 所示；
8）等待 2~5min。

a) 拔下钥匙

b) 断开低压蓄电池负极端子

图 1-3-25 拔下钥匙及断开低压蓄电池负极端子

第三步：拆除附件
1）拆除后排座椅，如图 1-3-26a 所示；
2）掀起地垫，如图 1-3-26b 所示。

第四步：穿戴绝缘防护用具
1）穿绝缘鞋；
2）戴上防护眼镜；
3）戴上绝缘头盔；
4）检查绝缘手套绝缘等级，1000V/300A 以上；
5）捏住绝缘手套手腕处，旋转密封；

a) 拆除后排座椅　　　　　　　b) 掀起地垫

图 1-3-26　拆除附件

6) 挤压手套，检查有无漏气，如图 1-3-27a 所示；
7) 佩戴绝缘手套，如图 1-3-27b 所示。

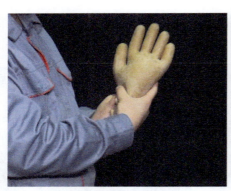 

a) 绝缘手套测漏检查　　　　　　b) 佩戴绝缘手套

图 1-3-27　穿戴绝缘防护用具

第五步：拆卸维修开关
1) 拆除维修开关盖板，如图 1-3-28a 所示；
2) 解除维修开关锁；
3) 拔下维修开关，如图 1-3-28b 所示；
4) 盖上维修开关盖板；
5) 将维修开关放到储物箱里；
6) 将储物箱锁好。

第六步：拔下动力电池端高低压线束插接器
1) 举升车辆；
2) 拔下低压线束插接器，如图 1-3-29a 所示；
3) 解除高压线束插接器锁止状态，如图 1-3-29b 所示；
4) 按住 Press1 位置，如图 1-3-29b 所示；

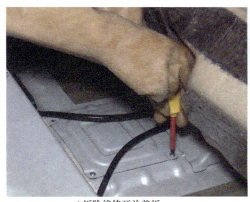 

a) 拆除维修开关盖板　　　　　　　　b) 拔下维修开关

图 1-3-28　拆除维修开关

5) 向后拨，解除第一道锁，注意要拔到位；
6) 按住 Press2 位置，如图 1-3-29b 所示；
7) 向后拨，解除第二道锁；
8) 拔下高压线束插接器。

 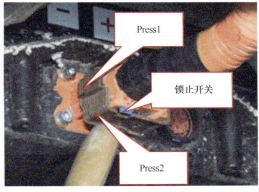

a) 拔下低压线束插接器　　　　　　　b) 高压线束插接器3道锁止机构

图 1-3-29　拔下高低压线束插接器

第七步：放电及检查剩余电荷

1) 将电压表调到直流 1000V 档；
2) 测量动力电池端的高压正、负极插接器电压，如图 1-3-30a 所示；
3) 确认没有电压；
4) 将电压表调到直流 1000V 档；
5) 测量高压线束端的高压正、负极插接器电压，如图 1-3-30b 所示；
6) 电压为零则确认放电完成，如果电压不为零，用放电工装连接在高压线束端的高压正、负极插接器之间进行放电，如图 1-3-30c 所示，重复此放电过程，直到电压为零；
7) 用绝缘胶布封住插接器两端插口；
8) 降下车辆；
9) 更换警示牌，如图 1-3-30d 所示。

a) 测量动力电池端高压正、负极插接器电压

b) 测量高压线束端高压正、负极插接器电压

c) 放电工装放电

d) 更换警示牌

图 1-3-30　放电及检查剩余电荷

下电后可进行相应的不带电作业。

1. 个人高压防护用具包括绝缘头盔、护目镜、绝缘服、绝缘鞋、绝缘手套等。绝缘手套使用时要先进行测漏检查。

2. 新能源汽车常用检测仪器设备主要有万用表、示波器、兆欧表、放电笔、红外测温仪等。由于绝缘测试时测试表笔输出高电压，因此进行绝缘测试时需要佩戴绝缘手套。

3. 绝缘工具是指可在额定电压 1000V（交流电压）和 1500V（直流电压）的带电和近电工件或器件上进行维修作业的手工工具。

4. 对新能源汽车进行不带电作业前，先对车辆进行下电操作。不同车型下电步骤可能有所不同，下电前一定要详细阅读维修手册。

任务工单1.3

任务名称	1.3 个人防护与维修作业安全		学时	8	班级	
学生姓名			学生学号		任务成绩	
实训设备	北汽EV160纯电动汽车整车2辆、解剖车2辆、高压零部件展示柜2套、举升机4台、绝缘工具4套、车间安全防护用具4套、带锁储物箱4个、个人防护用具4套、检测仪器（万用表、绝缘电阻表等）2套。		实训场地	新能源汽车理实一体化教室	日期	
任务描述	小王是某纯电动汽车4S店的维修工，早晨接到一辆故障车（EV160纯电动汽车），师傅让小王在对该纯电动汽车进行下电，以保证安全检修。你能告诉小王如何安全规范地对该车进行下电操作吗？					
任务目的	按照纯电动汽车维修作业安全规定及车辆维修手册要求，制订纯电动汽车下电的工作计划，按照正确规范的下电流程完成对北汽EV160纯电动汽车的下电操作。					

一、资讯

1. 请识别下图中个人高压防护用具，并将名称写在横线上。_____在使用前要进行测漏检查。

_____ _____ _____ _____ _____ _____

2. 新能源汽车常用的车间防护设备主有_____、_____、_____、_____等。识别下图警示牌，当车辆下电后，需放置警示牌：_____；当车辆上电后，需放置警示牌：_____。

a)   b)

3. 新能源汽车常用检测仪器设备有_____、_____、_____、_____、_____等。进行绝缘测试时需要佩戴_____。

4. 绝缘工具是指可在额定电压_____（交流电压）和_____（直流电压）的带电和近电工件或器件上进行维修作业的手工具。

5. 在高压导电部件附近进行检修工作时，必须_____。

6. 绝缘电阻表主要用来检查_____、家用电器或_____对地及相间的_____，以保证这些设备、电器和线路工作在正常状态，避免发生触电伤亡及设备损坏等事故。

7. 新能源汽车维修作业安全操作，一般遵循以下三点安全规程：

1) _____：断开来自高压系统的电压；

2) _____：防止再次接通；

3) _____：确保高压系统断电。

8. 下图是北汽EV160纯电动汽车动力电池端高压线束插接器，请填写该插接器的3道锁止机构。

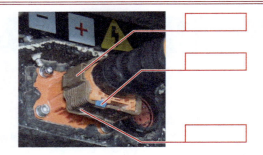

二、计划与决策

请根据任务要求,确定所需要的检测仪器、工具,并对小组成员进行合理分工,制订详细的 EV160 纯电动汽车下电计划。

1. 需要的资料及用具

2. 小组成员分工

3. 工作计划

三、实施

1. 检查场地及安装警戒标志

1)检查场地,确认符合作业环境;

2)拉警戒遮拦,悬挂_____警戒标志;

3)检查自身,确认没有佩戴_____、_____、硬币等,将佩戴的金属饰品、钥匙、硬币等放入_____并锁好;

4)找一名_____。

2. 切断低压电源

1)安装三件套;

2)拔下_____,将其放到_____里并锁好;

3)打开_____,安装翼子板布,格栅布;

4)断开低压蓄电池_____端子,等待_____ min。

3. 拆除附件

1)拆除_____;

2)掀起地垫。

4. 穿戴绝缘防护用具

1)穿上绝缘鞋,戴上_____,戴上_____;

2)检查绝缘手套绝缘等级,绝缘等级为_____;

3)捏住绝缘手套手腕处,旋转密封,挤压手套,检查有无漏气,检查结果为:_____;

4)佩戴绝缘手套。

5. 拆卸维修开关

1)拆除_____;

2)解除_____,拔下维修开关;

3)盖上维修开关盖板;

4)将维修开关放到储物箱里并锁好。

6. 拔下高低压线束插接器

1）举升车辆；

2）拔下_____线束插接器；

3）解除_____线束插接器锁止状态；

4）按住_____位置向后拨，解除第一道锁；

5）按住_____位置向后拨，解除第二道锁；

6）拔下高压线束插接器。

7. 放电及检查剩余电荷

1）将电压表调到直流_____V 档，测量电池箱端的高压正、负极插接器之间电压，电压为_____V；

2）将电压表调到直流_____V 档，测量高压线束端的高压正、负极插接器之间电压，电压为_____V；电压为零则确认放电完成，如果电压不为零，用_____放电，重复此放电过程，直到电压为零；

3）用绝缘胶布封住连接器两端插口；

4）降下车辆；

5）更换_____，下电完成。

四、检查

下电完成后，进行如下检查：

1）检查点火钥匙及维修开关是否锁好：_____。

2）检查仪器、工具、设备是否复位：_____。

3）检查场地是否清洁：_____。

4）检查任务工单是否填写完整：_____。

五、评估

1. 请根据自己任务完成的情况，对自己的工作进行自我评估，并提出改进意见。

1）_____

_____

2）_____

_____

2. 工单成绩（总分为自我评价、组长评价和教师评价得分值的平均值）

自我评价	组长评价	教师评价	总分

学习情境 2
纯电动汽车认知

> 🟢 **学习目标**

➢ 能通过与客户交流、查阅相关维修技术资料等方式获取车辆信息。
➢ 能了解国内外新能源车企及上市车型基本情况。
➢ 能叙述纯电动汽车的定义和分类。
➢ 能认知纯电动汽车组成结构。
➢ 能识别纯电动汽车高压系统部件及线束。
➢ 能找出纯电动汽车与传统汽车的区别。
➢ 能遵守相关法律法规，安全规范地进行纯电动汽车驾乘体验。
➢ 能正确对纯电动汽车触电、火灾等事故进行救助处理。
➢ 能在认知纯电动汽车过程中树立科技强国的自豪感、责任感和使命感。

学习单元 2.1 新能源汽车介绍

任务导入

小王是某纯电动汽车4S店的服务顾问,客户张先生对一款纯电动汽车特别感兴趣,想让小王介绍一下纯电动汽车与传统燃油汽车的区别。假如你是小王,你如何向张先生介绍纯电动汽车与传统燃油汽车的区别呢?

学习目标

1. 能叙述新能源汽车的定义和分类。
2. 能了解国内外新能源车企及上市车型基本情况。
3. 能找出新能源汽车与传统汽车的区别。

理论知识

2.1.1 新能源汽车定义与分类

工业和信息化部公布了最新的《新能源汽车生产企业及产品准入管理规定》,并于2017年7月1日起施行。该规定第三条对新能源汽车进行了明确定义:新能源汽车,是指采用新型动力系统,完全或主要依靠新型能源驱动的汽车,包括插电式混合动力(含增程式)汽车、纯电动汽车和燃料电池汽车等。混合动力汽车仍按照《节能与新能源汽车产业发展规划(2012—2020年)》的规定,把混合动力汽车定义为节能汽车,即以内燃机为主要动力系统,综合工况燃料消耗量优于下一阶段目标值的汽车。根据新能源汽车的定义,新能源汽车包括纯电动汽车、插电式混合动力(含增程式)汽车及燃料电池汽车等。

从2000~2015年的十五年间,由工信部、科技部、财政部等国家几大部委在新能源汽车领域已累计投资近200亿元,基本确立了新能源汽车"三纵三横"的技术体系。"三纵"指燃料电池汽车、混合动力汽车、纯电动汽车,"三横"指多能源动力总成系统、电机驱动系统和控制单元、动力电池和电池组管理系统。本课程重点介绍纯电动汽车、混合动力汽车及燃料电池汽车。

2.1.2 部分新能源汽车公司及车型介绍

1. 纯电动汽车

(1) 国外部分纯电动汽车公司及车型

1) 特斯拉公司(Tesla Inc.)。特斯拉公司是美国一家产销电动车的公司,由马丁·艾伯哈德(Martin Eberhard)工程师于2003年7月1日成立,总部设在美国加州的硅谷地带。特斯拉汽车公司以电气工程师和物理学家尼古拉·特斯拉命名,专门生产纯电动车,生产的几大车型包含Tesla Roadster、Tesla Model S、Tesla Model X。2017年2月1日,特斯拉汽车公司（Tesla Motors Inc）正式宣布将该公司的注册名称中含有"汽车"意义的"Motors"一词去掉，改成 Tesla Inc.。

特斯拉于 2014 年 4 月正式进入中国，销售车型为 Model S，如图 2-1-1 所示，该车采用了 7104 节 18650 型锂电池，续驶里程高达 502km，主要参数见表 2-1-1。

图 2-1-1　特斯拉 Model S

表 2-1-1　特斯拉 Model S 参数

续驶里程	最高时速	外形尺寸	整车质量	充电时间
390～502km	190～210km/h	4978mm×1964mm×1435mm	2108kg	慢充 7～10h/快充 45min（80%）
电池类型	最大功率	最大转矩	售价	国内上市时间
锂离子电池	222～310kW	440～600N·m	64.80 万～85.25 万元	2014 年 5 月

2）宝马 i3。2011 年 2 月，宝马汽车在其德国总部发布了旗下全新的子品牌宝马 i，这是宝马集团继宝马、MINI 和劳斯莱斯之后，最新的第四品牌。在 i 品牌发布不久，宝马陆续发布了 i 品牌两款新车——i3 和 i8。

宝马 i3 也被称作 MegaCity 车型，于 2014 年推出上市，如图 2-1-2 所示。宝马 i3 最高时速为 150km/h，最大续驶里程为 120km，具体参数见表 2-1-2。

图 2-1-2　宝马 i3

表 2-1-2　宝马 i3 参数

宝马 i3				
续驶里程	最高时速	外形尺寸	整车质量	充电时间
120km	150km/h	4006mm×1775mm×1600mm	1255kg	慢充 5.5h/快充 30min
电池类型	最大功率	最大转矩	售价	上市时间
锂电池	170kW	250N·m	45 万元	2014 年 9 月

3）日产聆风。日产聆风为五门五座掀背轿车，由层叠式紧凑型锂离子电池驱动，在完全充电情况下可实现 160km 以上的续驶里程。采用 220V 家用交流电，大约需要 8h 可以将电池充满；而 10min 的快速充电，便可提供其行驶 50km 的用电量，日产聆风于 2010 年底于欧美以及日本市场上市，2011 年进入中国市场。

日产聆风于 2014 年年底在国内上市，外形如图 2-1-3 所示。日产聆风最高时速为 145km/h，最大续驶里程为 175km，具体参数见表 2-1-3 所示。

图 2-1-3　日产聆风

表 2-1-3　日产聆风参数

日产聆风 LEAF/启辰晨风 E30				
续驶里程	最高时速	外形尺寸	整车质量	充电时间
175km	145km/h	4467mm×1771mm×1549mm	1494kg	慢充 4h/快充 30min（80%）
电池类型	最大功率	最大转矩	售价	上市时间
锰酸锂离子电池	80kW	254N·m	售价 26.78 万元	2014 年年底

4）大众 E-UP。首次亮相于 2009 年法兰克福车展的大众汽车 E-Up，采用了前置前驱的布局，装备了一台最大功率 60kW（持续功率 40kW）的电动机，可产生 210N·m 的最大转

矩，百公里加速时间仅需 11.3s。

大众 E-UP 将采用锂离子电池供电，搭载一台 60kW 的电动机，其峰值转矩可以达到 210N·m，超过一款 2.0L 发动机的转矩输出。在这款电动机的驱动下，大众 E-UP 可以在 5s 内完成 0~50km/h 的加速，其最高时速可达 130km/h。大众 E-UP 外形如图 2-1-4 所示。E-UP 最大续驶里程为 160km，具体参数见表 2-1-4。

图 2-1-4 大众 E-UP

表 2-1-4 大众 E-UP 参数

续驶里程	最高时速	外形尺寸	整车质量	充电时间
160km	130km/h	3540mm×1645mm×1477mm	1165kg	220V，5h 快充 30min（80%）
电池类型	最大功率	最大转矩	售价	容量
锂电池组	60kW	210N·m	26.8 万元	18.6kW·h

（2）国内部分纯电动汽车公司及车型

1）比亚迪 E6。比亚迪创立于 1995 年，2003 年收购西安秦川汽车有限责任公司（现比亚迪汽车有限公司），正式进入汽车制造与销售领域，开始民族自主品牌汽车的发展征程。发展至今，比亚迪已建成西安、北京、深圳、上海、长沙、青岛六大汽车产业基地，在整车制造、模具研发、车型开发等方面都达到了国际领先水平，产业格局日渐完善并已迅速成长为中国最具创新的新锐品牌。汽车产品包括各种高、中、低端系列燃油轿车，以及汽车模具、汽车零部件、双模电动汽车及纯电动汽车等。代表车型包括 F3、F3R、F6、F0、G3、G3R、L3/G6、速锐等传统高品质燃油汽车，S8 运动型硬顶敞篷跑车、高端 SUV 车型 S6 和 MPV 车型 M6，以及领先全球的 F3DM、F6DM 双模电动汽车和纯电动汽车 E6 等。

比亚迪 E6 是比亚迪进军纯电动市场的第一款作品，2009 年比亚迪汽车就开始在各种场合展出比亚迪 E6 纯电动车，在经过几年的研发之后，最终在 2011 年比亚迪正式推出了这款车型，售价 36.98 万元，它搭载了比亚迪自主研发的磷酸铁锂电池，如图 2-1-5 所示，主要参数见表 2-1-5。

图 2-1-5 比亚迪 E6

表 2-1-5 比亚迪 E6 参数

比亚迪 E6				
续驶里程	最高时速	外形尺寸	整车质量	充电时间
300km	140km/h	4560mm×1822mm×1645mm	2380kg	快充6h/慢24h
电池类型	最大功率	最大转矩	售价	国内上市时间
磷酸铁锂电池	90kW	450N·m	30.98万~33.00万元	2011年10月

2）北汽新能源 EV 系列。北京新能源汽车股份有限公司（以下简称北汽新能源公司）直属于北汽集团。北汽新能源公司现有的新能源产品有 EV160、EV200、ES210 及威旺等。2014 年北汽新能源乘用车销量获得了快速增长。2015 年初发布了"卫蓝计划 2.0"战略计划，其中提到，2020 年力争实现整车销售 20 万辆以上，降低碳排放 20% 以上，成为"国内领先、国际一流"的新能源汽车领导品牌。

北汽 EV160 纯电动车如图 2-1-6 所示，该车采用高性能的磷酸铁锂电池、高效节能的

图 2-1-6 北汽 EV160

永磁同步电机及北汽自主研发的高可靠性整车控制器，纯电力驱动，最高时速为125km/h，最大续驶里程为160km，具体参数见表2-1-6。

表 2-1-6　北汽 EV160 参数

北汽 EV160

功率（额定/峰值）/kW	转矩（额定/峰值）/(N·m)	最高车速/(km/h)	0~50km/h 加速时间/s	最大爬坡度（%）
30/53	102/180	125	4.7	≥25
电池类型	电量/(kW·h)	电池品牌	工况续驶里程/km（NEDC）	等速续驶里程/km（60km/h）
磷酸铁锂电池	25.6	ATL 普莱德	160	200

3）江淮纯电动汽车 iEV 系列。江淮新能源研究院成立于 2009 年 7 月，由安徽江汽集团有限公司、合肥工业大学和安徽巨一自动化装备有限公司联合成立。江淮新能源研究院整合三方优势，开展新能源汽车整车及核心零部件研发，同步建设试验验证平台，突破新能源核心技术，率先实现新能源汽车产业化目标。公司发展规划中提到，到 2025 年，江淮新能源汽车总产量占江淮总产销量的 30% 以上，形成节能汽车、新能源汽车、智能网联汽车共同发展的新格局。

目前，江淮新能源推出的新能源产品有江淮 iEV4、iEV5 和 iEV6S 纯电动车，江淮 iEV5 如图 2-1-7 所示，该车采用高性能的三元电池，最高时速为 120km/h，最大续驶里程为 200km，具体参数见表 2-1-7。

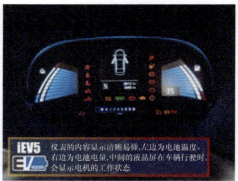

图 2-1-7　江淮 iEV5

表 2-1-7 江淮 iEV5 参数

江淮 iEV5

续驶里程	最高时速	外形尺寸	整车质量	充电时间
200km	120km/h	4310mm×1710mm×1500mm	1260kg	慢充 8h/快充 2.5h
电池类型	最大功率	最大转矩	售价	国内上市时间
三元电池	50kW	210N·m	15.48 万~18.07 万元 6.48 万~8.58 万元	2014 年

4）众泰新能源汽车。众泰控股集团有限公司始建于 2003 年，是一家以汽车整车及发动机、模具、钣金件、变速器等汽车关键部件为核心业务的民营企业。众泰新能源汽车是中国第一个获得纯电动乘用车国家生产许可的整车企业，也是第一辆正式挂牌上路的纯电动乘用车生产企业。

众泰推出的纯电动车产品主要有知豆 E20、众泰 E200、知豆 D1、知豆 D2、云 100、芝麻 E30 等，知豆 E20 如图 2-1-8 所示，该车采用磷酸铁锂电池，最高车速为 80km/h，续驶里程为 120km，最大功率为 18kW，峰值转矩能达到 82N·m，具体参数见表 2-1-8。

图 2-1-8 众泰知豆 E20

目前，国内还有很多汽车企业都在研发纯电动汽车并有产品销售，如还有奇瑞纯电动车 EQ、荣威纯电动车 E50、吉利帝豪 EV、康迪熊猫 K11、长安逸动 EV 等，不再一一介绍。

表 2-1-8　众泰知豆 E20 参数

众泰知豆 E20

续驶里程	最高时速	外形尺寸	整车质量	充电时间
120km	80km/h	2765mm×1540mm×1555mm	670kg	慢充 6h/快充 20min 充 80%
电池类型	最大功率	最大转矩	售价	国内上市时间
磷酸铁锂电池	18kW	82N·m	4.88 万~10.88 万元	2014 年 5 月

2. 混合动力汽车

（1）国外部分混合汽车公司及车型

1）丰田普锐斯。丰田 Prius 混合动力车自 1994 年始发以来一直在不断地改进，采用"电池+汽油引擎"动力。1997 年，日本丰田推出了世界上第一款批量生产的混合动力汽车，其后又在 2001 年相继推出了混合动力面包车和皇冠轿车，运用了先进的混合动力系统（THS）电子控制装置与电动四轮驱动及四轮驱动力/制动力综合控制系统，在普及混合动力系统的低燃耗、低排放和改进行驶性能方面处于世界前沿。以丰田为代表的日系企业，正是在 10 多年前的精确判断，才最终以混合动力这种过渡的新能源技术傲立于如今的世界汽车市场。丰田普锐斯轿车 2009 年的销量达 20.89 万辆，同比增长达 290%，成为包含微型车在内的新车销量排行榜榜首。丰田普锐斯在国外已经到第四代，2012 年进入到国内市场的是第三代普锐斯，如图 2-1-9 所示，发动机由原来的 1.5L 换成了 1.8L，整车综合油耗 4.3L，其主要参数见表 2-1-9。

图 2-1-9　第三代丰田普锐斯

表 2-1-9 第三代丰田普锐斯参数

第三代丰田普锐斯

发动机型号	排量	最大功率	最大转矩	新能源类型
阿特金森发动机 5ZR-FXE	1798mL	73kW	142N·m	非插电混动式
电池类型	电动机类型	电动机最大功率	电动机最大转矩	综合工况油耗/(L/100km)
镍氢电池	同步交流永磁型	60kW	207N·m	4.3

2）奥迪 Q5 混动汽车。奥迪 Q5 Hybrid 混合动力版车型于 2012 年 6 月上市，此次上市的奥迪 Q5 Hybrid 混合动力版只有一款车型，售价为 60.8 万元。动力方面是奥迪 Q5 Hybrid 混合动力版的重点，其动力系统有最大功率 211 马力（1 马力 = 735.5W）的 2.0TFSI 发动机和电动机组成，整套系统的总功率达到了 245 马力，总最大转矩为 480N·m，比普通版 Q5 2.0TFSI 车型增加了 34 马力和 130N·m。在 8 速自动变速器的配合下，Q5 Hybrid 混合动力版 0~100km/h 加速仅需 7.1s。奥迪 Q5 Hybrid 混合动力版在电池充满电的情况下，可以以 110km/h 的速度行驶 3km。在能力回收系统的共同作用下，奥迪 Q5 Hybrid 混合动力版的综合油耗仅为 7L/100km。

奥迪 Q5 Hybrid 混合动力版车型如图 2-1-10 所示，主要参数见表 2-1-10。

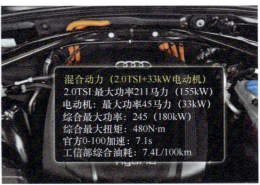

图 2-1-10 奥迪 Q5 Hybrid

3）雪佛兰沃蓝达插电混动汽车。通用在 2015 北美车展上发布了新一代雪佛兰沃蓝达 VOLT，新车型的纯电动行驶里程达到 50 英里（约 80km，1 英里 = 1609.344m），这是首款采用增程式混合动力系统的车型。新一代沃蓝达的动力系统将此前的 1.4L 自然吸气汽油机换成了全新的 1.5L 发动机，同时在电动机、电池上新沃蓝达也进行了改进，不但重量减轻，还能提供更好的动力输出。

表 2-1-10　奥迪 Q5 Hybrid 参数

奥迪 Q5 Hybrid 					
发动机类型	最大功率	燃料类型	新能源类型	电动机最大功率
2.0TSI	155kW	油电混合动力	非插电混动式	33kW
综合最大功率	综合最大转矩	电机最大转矩	综合工况油耗/（L/100km）	上市时间
180kW	480N·m	207N·m	7.4	2012年6月

雪佛兰 VOLT 车型如图 2-1-11 所示，主要参数见表 2-1-11。

图 2-1-11　雪佛兰 VOLT

表 2-1-11　雪佛兰 VOLT 参数

雪佛兰 VOLT 				
续驶里程	最高时速	外形尺寸	整车质量	充电时间
80km	145km/h	4498mm×1787mm×1439mm	1700kg	6.5h
电池类型	最大功率	最大转矩	售价	上市时间
360V 锂电池组	63kW	126N·m	33万~54.8万元	2015年1月

4）宝马 530Le 插电混动汽车。华晨宝马旗下首款插电式混合动力豪华商务轿车，宝马 530Le 于 2015 年 1 月在上海宝马品牌体验中心正式上市。宝马 530Le 是宝马品牌推出的首款插电混合动力车型，是一款基于 BMW 5 系长轴距开发的新能源汽车，由华晨宝马自主研发，

并获得宝马总部全力支持,该款新能源汽车将在沈阳实现国产,该车型如图 2-1-12 所示,主要参数见表 2-1-12。

图 2-1-12　宝马 530Le

表 2-1-12　宝马 530Le 参数

发动机型号	排　　量	进气形式	最大功率	最大转矩
N20B20	1997mL	涡轮增压	160kW	310N·m
电池容量	电动机最大功率	电机最大转矩	油耗/(L/100km)	上市时间
11.4kW·h	70kW	250N·m	5.2	2015 年 1 月

(2) 国内部分混合动力汽车公司及车型

1) 比亚迪插电式混合动力汽车。比亚迪·秦,是比亚迪股份有限公司自主研发的 DM 二代 (在纯电动和混合动力两种模式间进行切换) 的高性能三厢轿车。比亚迪秦的纯电行驶里程 70km,加速时电机和发动机同时工作以提高加速性能,减速时发动机停止,系统进行制动能量回收。比亚迪·秦车型如图 2-1-13 所示,主要参数见表 2-1-13。目前,比亚迪又推出了比亚迪·唐、宋、元等插电式混合动力车型。

图 2-1-13　比亚迪·秦

表 2-1-13　比亚迪·秦参数

比亚迪·秦				

续驶里程	最高时速	外形尺寸	整车质量	充电时间
70km	185km/h	4740mm×1770mm×1480mm	1720kg	5h
电池类型	最大功率	最大转矩	售价	上市时间
磷酸铁锂电池	110kW	250N·m	18.98万~20.98万元	2013年12月

2）上汽荣威 E550 插电式混合动力汽车。2015 年上汽荣威正式宣布旗下荣威 550PLUG-IN 正式更名荣威 E550，新车采用一套插电式混动系统。荣威混动的精髓在于它所提出的"双芯、三核、八模"，"双芯"即汽油、电动两套动力系统；"三核"指的是其搭载 1.5L 的 VTI-tech 汽油发动机、ISG（Integrated Starter Generator）起动和发电一体机、TM（Traction motor）牵引电机三核动力，"八模"是指发动机和电动机所组成的混动系统工况共有 8 种模式。荣威 E550 车型如图 2-1-14 所示，主要参数见表 2-1-14。

图 2-1-14　荣威 E550

表 2-1-14　荣威 E550 参数

荣威 E550				
发动机排量	最大功率	最大转矩	新能源类型	纯电续驶里程
1.5L	80kW	135N·m	插电混合动力	60km
电动机类型	电动机最大功率	电动机最大转矩	电池类型	电池容量
永磁同步电动机	67kW	452N·m	锂电池	11.8kW·h

目前国内还有很多车企都在研发混合动力汽车并有产品销售，不再一一介绍。

3. 燃料电池汽车

氢燃料电池具有无污染、能量密度更高（单位体积下约为传统电池的7倍）、加注更快捷等优势。燃料电池汽车在国外研究较早，如本田汽车公司Clarity、丰田汽车公司FCHV、戴姆勒奔驰公司F-Cell和通用公司Chevrolet Equinox等燃料电池汽车。燃料电池汽车目前处于试验阶段，还没有大规模地量产和销售。在国内，以上汽股份、上海大众、一汽、长安、奇瑞等公司为代表开发的燃料电池轿车均基于传统内燃机车辆进行改造，尚未掌握燃料电池汽车专用车身开发、底盘开发、底盘动力学主动控制等关键技术，与国外存在较大差距。

丰田生产了Mirai氢燃料电池车，如图2-1-15所示，并在德国进行了道路测试。

图2-1-15　丰田燃料电池汽车Mirai

2.1.3　新能源汽车与传统汽车的区别

新能源汽车是在传统汽车产业链基础上进行延伸，结构上与传统汽车的最大区别在于动力系统，增加了电池、电机、电控系统等组件，如图2-1-16所示。下面介绍新能源汽车与传统汽车的主要区别。

1. 动力与能源不同

传统汽车动力来自发动机，能源来自汽油或柴油；新能源汽车动力来自驱动电机，能源来自动力电池，如图2-1-17所示。

2. 动力控制与方式不同

传统汽车由动力系统（包括发动机控制单元、自动变速器控制单元等）控制发动机的动力输出及变速；新能源汽车由整车控制器协调整车控制，并由电机控制器控制驱动电机加减速和能量回收，如图2-1-18所示。

3. 电压等级不同

传统汽车由发动机带动发电机发电，整流后为12V蓄电池充电。发动机起动前和起动时由12V蓄电池供电，发动机运行后，由发电机和蓄电池同时供电。新能源汽车除了低压12V系统外，还有高压系统。北汽纯电动汽车动力电池额定电压高达320V，由DC/DC转换器将高压转为12V电压给低压蓄电池充电。高压动力电池关闭后，12V蓄电池维持低压系统供电；高压动力电池接入工作后，DC/DC转换器与蓄电池同时供电，如图2-1-19所示。

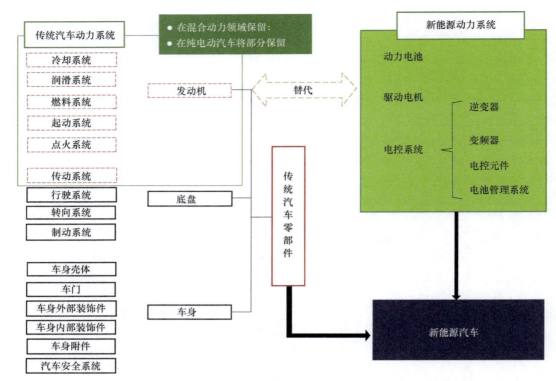

图 2-1-16　新能源汽车与传统汽车的区别

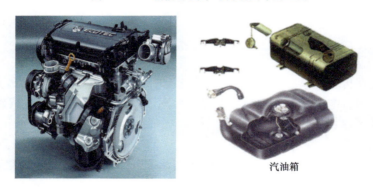

a) 传统燃油汽车

b) 新能源汽车

图 2-1-17　新能源汽车与传统汽车的动力与能源

a) 传统燃油汽车发动机控制单元　　　　b) 纯电动汽车整车控制器

图 2-1-18　新能源汽车与传统汽车动力控制方式

a) 传统燃油汽车低压12V系统　　　　b) 新能源汽车高压系统

图 2-1-19　新能源汽车与传统汽车电压等级不同

4. 维护、维修作业时的防护要求不同

由于新能源汽车有高压系统，在带电作业时必须穿戴高压防护用具，并使用绝缘工具；传统汽车不需要进行绝缘防护，如图 2-1-20 所示。

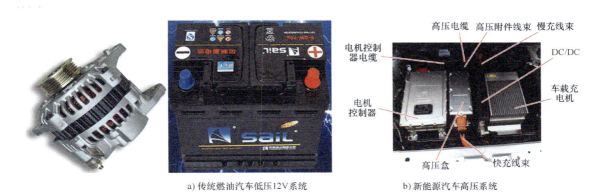
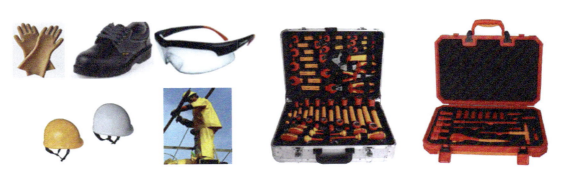

a) 新能源汽车个人高压防护用具　　　　b) 绝缘工具

图 2-1-20　新能源汽车高压防护与绝缘工具

5. 能源补充方式不同

传统汽车需要加汽油或柴油；新能源汽车需要通过家用 16A 电源或充电桩（交流充电桩或直流充电桩）对动力电池进行充电，或者燃料电池补充氢燃料，如图 2-1-21 所示。

a) 传统汽车加油　　　　　　　　　　　　　b) 新能源汽车充电

图 2-1-21　新能源汽车与传统汽车能源补充方式

6. 辅助系统控制方式不同

（1）转向系统　传统汽车多采用液压助力转向（液压助力泵由发动机带动）、电液转向助力或者电动助力转向；新能源汽车采用电动助力转向系统，12V 直流电驱动助力电机实现转向助力，可以根据车速来控制驱动电流大小，从而随速调节，实现车速高时助力小，车速低时助力大的要求，如图 2-1-22 所示。

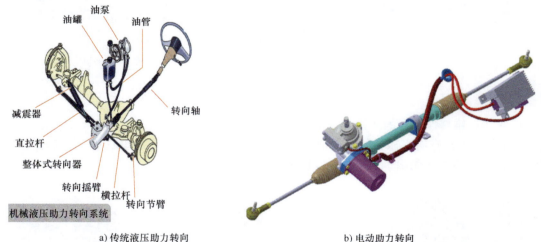

a) 传统液压助力转向　　　　　　　　　　　　b) 电动助力转向

图 2-1-22　新能源汽车与传统汽车转向助力方式

（2）制动系统　传统汽车 ABS 系统和制动真空助力系统，真空助力的真空源取自发动机运行后进气道内真空度，停车后真空助力作用消失。涡轮增压发动机、缸内直喷发动机带真空泵或辅助真空泵。纯电动汽车 ABS 系统和制动真空助力系统，真空助力的真空源来自于 12V 直流电驱动的真空泵，在停车时真空助力也可起作用，如图 2-1-23 所示。

（3）空调系统　传统汽车压缩机由发动机通过传动带驱动；热风由发动机冷却水的热量在散热器上散发，由热风电机风扇吹到车内。新能源汽车空调压缩机为电动压缩机，由高压直流电驱动，带动压缩机制冷；热风由高压直流电通过 PTC 器件发热产生热量，由热风

a）取自节气门后方的真空

b）电动真空泵、真空罐

图 2-1-23　新能源汽车与传统汽车制动系统

电机风扇吹到车内，如图 2-1-24 所示。

a）传统汽车压缩机

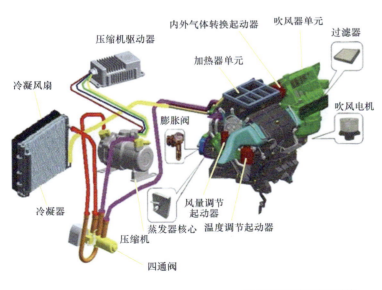

b）纯电动汽车的空调系统

图 2-1-24　新能源汽车与传统汽车空调系统

(4) 仪表显示系统　传统汽车仪表显示车速、里程、发动机转速、机油压力、燃油量、冷却液温度、灯光信号、故障信号等。新能源汽车仪表显示：车速、里程、电机转速、电池电量、电池电压、灯光信号、故障信号等，如图 2-1-25 所示。

a) 传统汽车仪表　　　　　　　　　　　　b) 纯电动汽车仪表

图 2-1-25　新能源汽车与传统汽车仪表显示

7. 维护项目不同

新能源汽车不需要进行机油、机滤、汽滤、火花塞等的更换，只进行冷却液、制动液等的更换，如图 2-1-26 所示。

a) 传统汽车火花塞更换　　　　　　　　　b) 纯电动汽车冷却液检查

图 2-1-26　新能源汽车与传统汽车维护项目不同

8. 对环境影响、噪声大小不同

传统汽车依赖不可再生的汽油或柴油，尾气对环境污染大，噪声和振动大；新能源汽车使用电能或氢燃料，零排放，对环境几乎无污染，而且新能源汽车噪声小、振动小，如图 2-1-27 所示。

a) 传统汽车尾气污染环境　　　　　　　　b) 新能源汽车零排放

图 2-1-27　新能源汽车与传统汽车对环境影响

2.1.4 我国新能源汽车补贴政策

新能源汽车补贴标准是为贯彻落实国务院关于培育战略性新兴产业和加强节能减排工作的部署和要求，中央财政安排专项资金，支持开展私人购买新能源汽车补贴试点。新能源汽车补贴一般由国家补贴和地方补贴组成。

1. 国家补贴

为加快新能源汽车产业发展，2013年9月，国家相关部门出台了《关于继续开展新能源汽车推广应用工作的通知》，其中明确了对消费者购买新能源汽车给予补贴。

补助范围是纳入中央财政补贴范围的新能源汽车，车辆是符合要求纯电动汽车、插电式混合动力汽车和燃料电池汽车。但是，补助标准是逐年递减的，2014年在2013年补贴标准基础上下降5%，2015年在2013年补贴标准基础上下降10%。施行退坡机制，这主要是考虑到了规模效应、技术进步等因素。具体的退坡办法是：2017—2020年，除燃料电池汽车外，其他新能源车型补贴标准都实行退坡，其中：2017—2018年补贴标准在2016年基础上下降20%，2019—2020年补贴标准在2016年基础上下降40%。

为了激励企业重视技术研发，提高科技创新能力和市场竞争力，国家在电池补贴的大幅度退坡的同时，对补贴车辆的技术要求也进一步提高。2016年纯电动汽车的补贴门槛由之前的80km续驶里程提高到100km，对车辆的最高时速也要求不低于100km/h。2017年对新能源乘用车的具体要求如下：

（1）对于纯电动乘用车

1）增加了能量密度的要求，要求电池能量密度不小于90W·h/kg，能量密度越高，补贴也就越多。

2）增加了最高车速的要求，要求30min最高车速不低于100km/h。

3）根据车辆的整备质量m，增加了对百公里耗电量Y的要求：

当$m \leqslant 1000$kg时，$Y \leqslant 0.014m + 0.5$

当$m \leqslant 1600$kg时，$Y \leqslant 0.012m + 2.5$

当$m > 1600$kg时，$Y \leqslant 0.005m + 13.7$

（2）对于插电式混合动力车

1）要求续驶里程R不小于50km，补贴2.4万元。

2）当$R \leqslant 80$km时，要求混合动力运行状态下的燃料消耗量与现有燃料消耗量标准中限值相比小于70%。

3）当$R > 80$km时，根据其整车整备质量m，对纯电动行驶时百公里耗电量Y的要求与纯电动乘用车的技术要求相同。

4）对于能量密度≤120W·h/kg的，根据续驶里程的不同，分别给予2万元、3.6万元、4.4万元的补贴，而能量密度高于120W·h/kg的则给予1.1倍，即2.2万元、3.96万元、4.84万元的补贴。

2. 地方补贴

国家为推广新能源车，在2013年9月发布的《关于继续开展新能源汽车推广应用工作的通知》中已经明确点出了希望能立即"响应号召"的示范地区,即京津冀、长三角、珠三角等细颗粒物治理任务较重的区域。

随后,各城市制定出台了相应的补贴政策。例如,2014 年 1 月,北京市政府出台了《北京示范应用新能源小客车管理办法》,政策显示,在北京市购买新能源车的补贴与国家相一致,即按照国家和北京市 1:1 的比例确定补助标准,但需要注意的是,国家和北京市财政补助总额最高不超过车辆销售价格的 60%。

除了价格补贴,在一些限购限号的大城市,还对新能源车施行免摇号或参加新能源车摇号、不限行等措施鼓励消费者购买新能源车。

值得注意的是,只有进入国家示范名单的城市,才能推广新能源汽车,当地消费者才能在本地购买新能源汽车,并享受补贴。目前,四部委已公布了两批新能源汽车推广应用城市或区域名单,其中包括北京、上海、广州、深圳一线城市,也涵盖河北省、浙江省等城市群。据统计,两批名单共包含 40 个试点城市或区域。不是所有的新能源车都能享受国家补贴。

另外,据《关于继续开展新能源汽车推广应用工作的通知》中显示,纳入中央财政补贴范围的新能源汽车应是符合要求的纯电动汽车、插电式混合动力汽车和燃料电池汽车。其中"符合要求",这四个字代表的是车辆需要进入《节能与新能源汽车示范推广应用工程推荐车型目录》,而进入该目录的车型,是从列入国家工信部《车辆生产企业及产品公告》中挑选出来的,而只有自主、合资等国产车型才会被列入这一公告中,也就是说进口新能源车不能享受国家补贴。

2.1.5 纯电动汽车与传统汽车的区别

下面以北汽 EV160 纯电动车和大众高尔夫轿车为例,认识纯电动汽车与传统汽车的区别。

1. 车辆准备

准备大众高尔夫轿车 1 辆,北汽 EV160 纯电动车 1 辆,如图 2-1-28 所示。

图 2-1-28　大众高尔夫轿车与北汽 EV160 纯电动车

2. 实践操作

（1）找出纯电动汽车与传统汽车在能源方面的不同之处　高尔夫轿车能源来自汽油，找到加油口；EV160电动车动力来自于动力电池，找到安装在车辆底部的动力电池，找到慢充口（连接交流充电设备，充电速度较慢）和快充口（连接直流充电桩，充电速度较快），如图2-1-29所示。

a）高尔夫轿车加油口　　　　　　　　b）EV160动力电池安装位置

c）EV160动力电池　　　　d）EV160慢充口　　　　e）EV160快充口

图2-1-29　纯电动汽车与传统汽车在能源方面的不同之处

（2）找出纯电动汽车与传统汽车在动力来源方面的不同之处　高尔夫轿车动力来自发动机，找到发动机；EV160电动车动力来自于驱动电机，找到安装在前机舱下部的驱动电机，如图2-1-30所示。

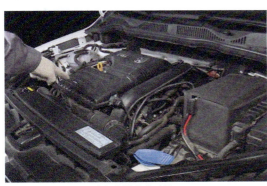 

a）高尔夫轿车发动机　　　　　　　　b）EV160驱动电机

图2-1-30　纯电动汽车与传统汽车在动力来源方面的不同之处

（3）找出纯电动汽车与传统汽车在电压等级方面的不同之处　高尔夫轿车蓄电池电压为12V，蓄电池安装在发动机舱内；EV160电动车动力电池额定电压为320V，所有橘黄色线束和插头均为高压系统，维修时要进行下电操作，避免触电，如图2-1-31所示。

a) 高尔夫轿车12V蓄电池

b) EV160动力电池320V

c) EV160高压系统

d) EV160维修前要下电

图2-1-31　纯电动汽车与传统汽车在电压等级方面的不同之处

（4）找出纯电动汽车与传统汽车在排放方面的不同之处　高尔夫轿车有排气管，尾气污染环境；EV160电动车没有排气管，零排放，如图2-1-32所示。

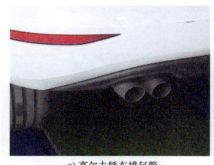
a) 高尔夫轿车排气管

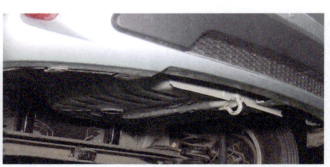
b) EV160无排气管

图2-1-32　纯电动汽车与传统汽车在排放方面的不同之处

（5）找出纯电动汽车与传统汽车在仪表显示方面的不同之处　高尔夫轿车仪表上显示剩余油量，找到燃油表；EV160电动车仪表上显示剩余电量，找到剩余电量指示，如图2-1-33所示。

a) 高尔夫轿车仪表

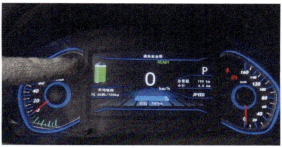

b) EV160仪表

图2-1-33　纯电动汽车与传统汽车在仪表显示方面的不同之处

（6）找出纯电动汽车与传统汽车在变速器方面的不同之处　高尔夫轿车采用自动变速器，可以通过自动换档改变车速；EV160电动车采用固定速比减速器，不能通过换档改变车速，而是通过电机调速改变车速。在前机舱底部找到固定速比减速器，如图2-1-34所示。

a) 高尔夫轿车自动变速器变速杆

b) EV160固定速比减速器

图2-1-34　纯电动汽车与传统汽车在变速器方面的不同之处

（7）找出纯电动汽车与传统汽车在空调系统方面的不同之处　高尔夫轿车空调压缩机由发动机驱动，找到压缩机安装位置；EV160电动车空调压缩机由电动机驱动，找到压缩机安装位置。高尔夫轿车暖风来自于发动机的余热；EV160电动车暖风来自于电加热器，如图2-1-35所示。

（8）找出纯电动汽车与传统汽车在制动系统方面的不同之处　高尔夫轿车制动助力来自于发动机节气门后方的真空，找到节气门后方连接真空助力器的真空管；EV160电动车制动助力来自于电动真空泵，在前机舱下部找到电动真空泵和真空罐，如图2-1-36所示。

（9）找出纯电动汽车与传统汽车在冷却系统方面的不同之处　高尔夫轿车冷却水泵由发动机驱动；EV160电动车冷却水泵由电机驱动，找到在前机舱底部的电动水泵，如图2-1-37所示。

a) 高尔夫轿车压缩机

b) EV160电动压缩机

c) 高尔夫轿车暖风水管

d) EV160电加热器高压线束

图 2-1-35　纯电动汽车与传统汽车在空调系统方面的不同之处

a) 高尔夫轿车节气门后方的真空管

b) EV160电动真空泵和真空罐

图 2-1-36　纯电动汽车与传统汽车在制动系统方面的不同之处

（10）找出纯电动汽车与传统汽车在蓄电池充电方面的不同之处　高尔夫轿车蓄电池由发动机驱动发电机充电，找到发电机；EV160电动车蓄电池由动力电池通过DC/DC转换器充电，在前机舱找到DC/DC转换器，如图2-1-38所示。

a) 高尔夫轿车冷却液管路

b) EV160电动水泵

图 2-1-37　纯电动汽车与传统汽车在冷却系统方面的不同之处

a) 高尔夫轿车发电机

b) EV160电动车DC/DC转换器

图 2-1-38　纯电动汽车与传统汽车在蓄电池充电方面的不同之处

（11）找出纯电动汽车与传统汽车在噪声方面的不同之处　高尔夫轿车行驶时有一定噪声；EV160 电动车行驶时很安静。

（12）找出纯电动汽车与传统汽车在作业防护方面的不同之处　高尔夫轿车维修时不需要采取高压安全防护措施；EV160 电动车维修时需要做好高压安全防护，佩戴绝缘头盔、防护眼镜、绝缘服、绝缘手套、绝缘鞋等防护用具，如图 2-1-39 所示。

（13）找出纯电动汽车与传统汽车在维护项目方面的不同之处　高尔夫轿车需要更换空滤、汽滤、机滤、机油等，如图 2-1-40 所示，EV160 电动车不需要更换这些。

图 2-1-39　纯电动汽车个人高压防护用具

图 2-1-40　高尔夫轿车需机油、机滤、空滤等

 **单元小结**

1. 新能源汽车，是指采用新型动力系统，完全或主要依靠新型能源驱动的汽车，包括插电式混合动力（含增程式）汽车、纯电动汽车和燃料电池汽车等。

2. 节能汽车，即以内燃机为主要动力系统，综合工况燃料消耗量优于下一阶段目标值的汽车。

3. "三纵"指燃料电池汽车、混合动力汽车、纯电动汽车，"三横"指多能源动力总成系统、电机驱动系统和控制单元、动力电池和电池组管理系统。

4. 新能源汽车与传统汽车在动力及动力控制方式、能源及能源补充方式、电压等级、维护项目、高压安全防护、转向系统、制动系统、空调系统、仪表显示、对环境的影响、行驶噪声和振动等方面有很大不同。

任务工单2.1

任务名称	2.1 新能源汽车介绍	学时	4	班级	
学生姓名		学生学号		任务成绩	
实训设备	北汽EV160纯电动汽车整车2辆、传统燃油汽车2辆、高压零部件展示柜2套、举升机4台、绝缘工具4套、车间安全防护用具4套、带锁储物箱4个、个人防护用具4套、检测仪器（万用表、绝缘电阻表等）2套。	实训场地	新能源汽车理实一体化教室	日期	
任务描述	小王是某纯电动汽车4S店的服务顾问，客户张先生对一款纯电动汽车特别感兴趣，想让小王介绍一下纯电动汽车与传统燃油汽车的区别。假如你是小王，你如何向张先生介绍纯电动汽车与传统燃油汽车的区别呢？					
任务目的	以行动为导向，引导学生制订计划，找出新能源汽车与传统汽车的区别。在此过程中学习相关理论知识和实践操作技能。					

一、资讯

1. 新能源汽车，是指采用新型动力系统，完全或主要依靠新型能源驱动的汽车，包括_____、_____汽车和_____汽车等。
2. 节能汽车，即以_____为主要动力系统，综合工况燃料消耗量优于下一阶段目标值的汽车。
3. "三纵"指_____汽车、_____汽车、_____汽车，"三横"指_____、_____、_____。
4. 国外纯电动汽车品牌有特斯拉、_____、_____、大众E-UP等，国内纯电动汽车有比亚迪E6、_____、_____、江淮iEV5、荣威E50、众泰知豆等。
5. 新能源汽车与传统汽车在_____及动力控制方式、_____及能源补充方式、_____等级、维护项目、高压_____、转向系统、_____系统、_____系统、仪表显示、对环境的影响、行驶噪声和振动等方面有很大不同。

二、计划与决策

请根据任务要求，确定所需要的检测仪器、工具，并对小组成员进行合理分工，制订详细的认知传统汽车与新能源汽车区别的工作计划。

1. 需要的资料及用具

2. 小组成员分工

3. 工作计划

三、实施

1. 车辆准备

   准备大众高尔夫轿车 1 辆，北汽 EV160 纯电动车 1 辆。

2. 找出纯电动汽车 EV160 与传统汽车的区别

   （1）找出纯电动汽车与传统汽车在能源方面的不同之处

   高尔夫轿车能源来自_____，并在车上找到它；EV160 电动车动力来自于_____，并在车上找到它。找到_____口（连接交流充电设备，充电速度较慢）和_____口（连接直流充电桩，充电速度较快）。

   （2）找出纯电动汽车与传统汽车在动力来源方面的不同之处

   高尔夫轿车动力来自_____；EV160 电动车动力来自于_____，在前机舱下部找到它。

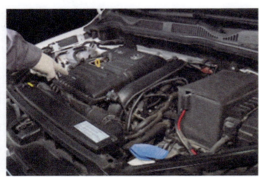 

a) 高尔夫轿车发动机　　　　　　b) EV160 驱动电机

（3）找出纯电动汽车与传统汽车在电压等级方面的不同之处

高尔夫轿车蓄电池电压为_____V，蓄电池安装在发动机舱内；EV160 电动车动力电池额定电压为_____V，所有橘黄色线束和插头均为高压系统，维修时要进行_____操作，避免触电。

a) 高尔夫轿车12V蓄电池　　　　　b) EV160动力电池320V

（4）找出纯电动汽车与传统汽车在排放方面的不同之处

高尔夫轿车有_____，尾气污染环境；EV160 电动车没有排气管，零排放。

（5）找出纯电动汽车与传统汽车在仪表显示方面的不同之处

高尔夫轿车仪表上显示剩余油量，找到燃油表；EV160 电动车仪表上显示剩余_____，找到剩余电量指示表。

（6）找出纯电动汽车与传统汽车在变速器方面的不同之处

高尔夫轿车采用_____，可以通过自动换档改变车速；EV160 电动车采用_____，不能换档改变车速，通过_____调速改变车速。在前机舱底部找到固定速比减速器。

（7）找出纯电动汽车与传统汽车在空调系统方面的不同之处

高尔夫轿车空调压缩机由_____驱动，找到压缩机安装位置；EV160电动车空调压缩机由_____驱动，找到压缩机安装位置。高尔夫轿车暖风来自于发动机的_____；EV160电动车暖风来自于_____。

a) 高尔夫轿车压缩机　　　　　　b) EV160电动压缩机

（8）找出纯电动汽车与传统汽车在制动系统方面的不同之处

高尔夫轿车制动助力来自于发动机_____，并找到连接真空助力器的真空管；EV160电动车制动助力来自于_____，在前机舱下部找到它。

（9）找出纯电动汽车与传统汽车在冷却系统方面的不同之处

高尔夫轿车冷却水泵由_____驱动；EV160电动车冷却水泵由_____驱动，找到在前机舱底部的电动水泵。

（10）找出纯电动汽车与传统汽车在蓄电池充电方面的不同之处

高尔夫轿车蓄电池由发动机驱动_____充电；EV160电动车蓄电池由动力电池通过_____转换器充电，在前机舱内找到它。

（11）找出纯电动汽车与传统汽车在噪音方面的不同之处

高尔夫轿车行驶时有一定_____；EV160电动车行驶时很安静。

（12）找出纯电动汽车与传统汽车在作业防护方面的不同之处

高尔夫轿车维修时不需要采取高压安全防护措施；EV160电动车维修时需要做好_____防护，佩戴绝缘头盔、防护眼镜、绝缘服、绝缘手套、绝缘鞋等防护用具。

（13）找出纯电动汽车与传统汽车在维护项目方面的不同之处

高尔夫轿车需要更换空滤、_____、_____、机油等，EV160电动车不需要更换这些。

四、检查

实验完成后，进行如下检查：

1）检查车辆、工具、设备是否复位：_____。

2）检查场地是否清洁：_____。

3）检查任务工单是否填写完整：_____。

五、评估

1. 请根据自己任务完成的情况，对自己的工作进行自我评估，并提出改进意见。

1）_____

_____

2）_____

_____

2. 工单成绩（总分为自我评价、组长评价和教师评价得分值的平均值）

自我评价	组长评价	教师评价	总分

 学习单元 2.2　纯电动汽车组成结构认知

任务导入

小王是某纯电动汽车 4S 店的服务顾问，客户张先生对一款纯电动汽车特别感兴趣，想让小王介绍一下纯电动汽车组成结构。假如你是小王，你能向张先生介绍纯电动汽车的组成结构吗？

学习目标

1. 能叙述纯电动汽车的定义和分类。
2. 能了解纯电动汽车驱动系统布置形式。
3. 能认知纯电动汽车结构组成。
4. 能在认知纯电动汽车组成结构中树立制造强国、强国有我的信念。

理论知识

2.2.1　纯电动汽车定义与分类

纯电动汽车（Battery Electric Vehicle，简称 BEV），是指以车载电源为动力，用电动机驱动车轮行驶，符合道路交通、安全法规各项要求的车辆。它利用动力电池（如铅酸电池、镍镉电池、镍氢电池或锂离子电池）作为储能动力源，通过动力电池向电动机提供电能，驱动电机运转，从而推动汽车前进，如图 2-2-1 所示。

纯电动汽车发展至今，种类较多，通常按车辆用途、车载电源数目以及驱动系统布置形式进行分类。

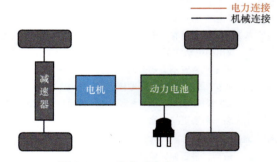

图 2-2-1　纯电动汽车

1. 按照不同用途分类

纯电动汽车可分为纯电动轿车、纯电动货车和纯电动客车三种，如图 2-2-2 所示。

a）纯电动轿车

b）纯电动货车

c）纯电动客车

图 2-2-2　纯电动汽车用途分类

纯电动轿车是目前最常见的纯电动汽车。除了一些概念车，纯电动轿车已经有了小批量生产，并已进入汽车市场。纯电动货车用作功率运输的电动货车比较少，而在矿山、工地及一些特殊场地，则早已出现了一些大吨位的纯电动载货汽车。纯电动客车用作公共汽车，在一些城市的公交线路以及世博会、世界性的运动会上，已经有了良好的表现。

2. 按车载电源数不同分类

纯电动汽车可分为单电源电动汽车和蓄电池加辅助蓄能装置的多电源电动汽车两种。

1）单电源电动汽车上的主电源就是蓄电池，有铅酸电池、镍氢电池、锂离子电池等多种。这种纯电动汽车的结构较为简单，控制也比较简便，主要缺点是主电源的瞬时输出功率容易受蓄电池性能的影响，制动能量的回馈效率也会制约于蓄电池的最大可接受电流及蓄电池的荷电状态。

2）多电源电动汽车采用蓄电池加超级电容或蓄电池加飞轮电池的电源组合，可以降低对蓄电池容量、比能量、比功率等的要求。在汽车起步、加速、爬坡等行驶工况下，辅助蓄能装置（超级电容、飞轮电池）可短时间内输出大功率，协助蓄电池供电，使电动汽车的动力性大为提高；在汽车制动时，则利用辅助蓄能装置可接受大电流充电的特点，提高制动能量回馈的效率。

3. 按驱动系统布置形式不同分类

目前主要有4种典型结构，即传统的驱动形式、电机-驱动桥组合式驱动形式、电机-驱动桥整体式驱动形式、轮毂电机分散式驱动形式，如图2-2-3所示。

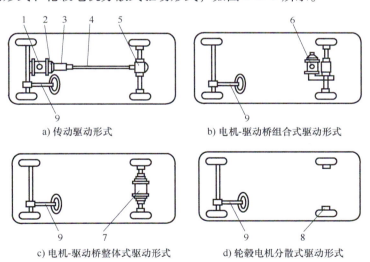

图2-2-3 纯电动汽车驱动系统布置形式
1—驱动电机 2—离合器 3—变速器 4—传动轴 5—驱动桥 6—电机-驱动桥组合式驱动系统
7—电机-驱动桥整体式驱动系统 8—轮毂电机 9—转向器

（1）传统驱动系统布置形式 该驱动系统仍然采用内燃机汽车的驱动系统布置方式，包括离合器、变速器、传动轴和驱动桥等总成，只是将内燃机换成电机，属于改造型电动汽车。这种布置方式可以提高纯电动汽车的起动转矩，增加低速时纯电动汽车的后备功率。这种驱动系统布置形式有电机前置-驱动桥前置（F-F）、电机前置-驱动桥后置（F-R）等驱动模式。但是，这种驱动系统布置形式结构复杂、效率低，不能充分发挥驱动电机的性能。

在此基础上，还有一种简化的传统驱动系统布置形式，采用固定速比减速器，去掉离合器，这种驱动系统布置形式可减少机械传动装置的质量，缩小其体积。

（2）电机-驱动桥组合式驱动系统布置形式　这种驱动系统布置形式即在驱动电机端盖的输出轴处加装减速齿轮和差速器等，电机、固定速比减速器、差速器的轴互相平行，一起组合成一个驱动整体。它通过固定速比的减速器来放大驱动电机的输出转矩，但没有可选的变速档位，也就省掉了离合器。这种布置形式的机械传动机构紧凑，传动效率较高，便于安装。但这种布置形式对驱动电机的调速要求较高。按传统汽车的驱动模式来说，可以有驱动电机前置-驱动桥前置或驱动电机后置-驱动桥后置两种方式。这种驱动系统布置形式具有良好的通用性和互换性，便于在现有的汽车底盘上安装，使用、维修也较方便。

（3）电机-驱动桥整体式驱动系统布置形式　这种驱动系统布置形式与发动机横向前置－前轮驱动的内燃机汽车的布置方式类似，把电动机、固定速比减速器和差速器集成为一个整体，两根半轴连接驱动车轮。电机－驱动桥整体式驱动系统布置形式有同轴式和双联式两种。

（4）轮毂电机分散驱动式驱动系统布置形式　轮毂电机直接装在汽车车轮里主要有内定子外转子和内转子外定子两种结构。

4. 按驱动形式不同分类

按驱动形式不同，纯电动汽车可分为直流电机驱动、交流电机驱动、双电机驱动、双绕组电机驱动、轮毂电机驱动等。

5. 按动力电池类型不同分类

按动力电池类型不同，纯电动汽车可分为铅酸蓄电池、镍氢电池、锂离子电池、燃料电池等。

2.2.2　纯电动汽车的优点

1. 无污染、噪声小

电动汽车无内燃机汽车工作时产生的废气，不产生排气污染，对环境保护和空气的洁净是十分有益的，几乎是"零污染"。电动汽车无内燃机产生的噪声，电机的噪声也较内燃机小。

2. 结构简单，维修方便

电动汽车较内燃机汽车结构简单，运转、传动部件少，维修保养工作量小。当采用交流感应电动机时，电机无需保养维护，更重要的是电动汽车易操纵。

3. 能量转换效率高

纯电动汽车除了驱动车辆行驶外，还可回收制动、下坡时的能量，提高能量的利用效率。电动汽车的研究表明，其能源效率已超过汽油机汽车。特别是在城市运行，汽车走走停停，行驶速度不高，电动汽车更加适宜。电动汽车停止时不消耗电量，在制动过程中，电机可自动转化为发电机，实现制动减速时能量的再利用。

另外，电动汽车的应用可有效地减少对石油资源的依赖，可将有限的石油用于更重要的方面。向蓄电池充电的电力可以由煤炭、天然气、水力、核能、太阳能、风力、潮汐等能源转化。除此之外，如果夜间向蓄电池充电，还可以避开用电高峰，有利于电网均衡负荷，减少费用。

2.2.3 纯电动汽车组成结构

传统燃油汽车是由发动机、底盘、车身和电气四大部分组成,纯电动汽车的结构与燃油汽车相比,主要增加了电力驱动控制系统,而取消了发动机。因此,纯电动汽车的结构主要由电力驱动控制系统、汽车底盘、车身以及各种辅助装置等部分组成。除了电力驱动控制系统,其他部分的功能及其结构组成基本与传统汽车相同,不过有些部件根据所选的驱动方式不同,已被简化或省去了,所以电力驱动控制系统既决定了整个纯电动汽车的结构组成及其性能特征,也是纯电动汽车的核心,它相当于传统汽车中的发动机与其他功能以机电一体化方式相结合,这也是区别于传统内燃机汽车的最大不同点。

纯电动汽车典型组成框图如图 2-2-4 所示,电力驱动控制系统包括电力驱动系统、电源系统和辅助系统。

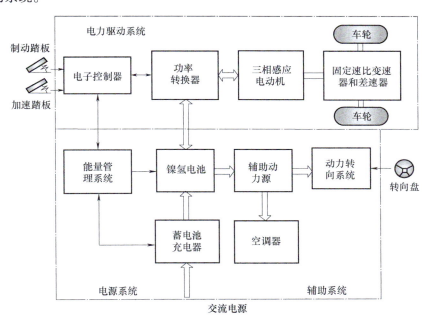

图 2-2-4 纯电动汽车典型组成框图

图中双线表示机械连接;粗线表示电气连接;细线表示控制信号连接;线上的箭头表示电功率或控制信号的传输方向。来自加速踏板的信号输入电子控制器并通过控制功率变换器来调节电机输出的转矩或转速,电机输出的转矩通过汽车传动系统驱动车轮转动。充电器通过汽车的充电接口向蓄电池充电。在汽车行驶时,蓄电池经功率变换器向电机供电。当电动汽车采用电制动时,驱动电机运行在发电状态,将汽车的部分动能回馈给蓄电池以对其充电,并延长电动汽车的续驶里程。

1. 电力驱动系统

电力驱动系统(以后简称驱动系统)主要包括电子控制器、功率转换器、电机、机械传动装置和车轮等。驱动系统的功用是将存储在蓄电池中的电能高效地转化为车轮的动能进而推进汽车行驶,并能够在汽车减速制动或者下坡时,实现再生制动。

电子控制器的作用是接收加速踏板位置信号、制动踏板位置信号、档位信号及其他相关信号，综合判断驾驶人意图和整车工况，发出控制指令给功率变换器，通过功率变换器控制电机的电压或电流，完成电机的驱动转矩和旋转方向的控制。

功率变换器是将蓄电池的直流电转换为频率和电压均可调的交流电，进而驱动电机工作。当汽车减速制动或者下坡时，功率变换器将车轮驱动电机产生的电能存储在蓄电池中。

电机的作用是将电源的电能转化为机械能，通过传动装置驱动或直接驱动车轮。早期，电动汽车上广泛采用直流串励电机，这种电动机具有"软"的机械特性，与汽车的行驶特性非常适应。但直流电机由于存在换向火花、比功率较小、效率较低，维护保养工作量大等缺点，随着电机技术和电机控制技术的发展，正在逐渐被直流无刷电机（BCDM）、永磁同步电机、开关磁阻电机（SRM）和交流异步电机所取代。

机械传动装置的作用是将电机的驱动转矩传给汽车的驱动轴。因为电机可以带负载起动，所以纯电动汽车上无须传统内燃机汽车的离合器。并且驱动电机的转向可以通过电路控制实现变换，因此，纯电动汽车无须内燃机汽车变速器中的倒档。当采用电机无级调速控制时，电动汽车可以省去传统汽车的变速器。在采用轮毂电机驱动时，电动汽车也可以省去传统内燃机汽车传动系统的差速器。

2. 电源系统

电源系统主要包括电源、能量管理系统和充电机等，它的功用是向电机提供驱动电能、监测电源使用情况以及控制充电机向蓄电池充电。

电源是制约电动汽车发展的主要因素。作为电动汽车的电源应该具有高比能量和高比功率等性能，以满足汽车的动力性和续驶里程的要求。纯电动汽车常用的电源有铅酸蓄电池、镍镉电池、镍氢电池、锂离子动力电池等。能量管理系统主要负责监测电源的使用情况以及控制充电机向蓄电池充电。

3. 辅助系统

辅助系统主要包括辅助动力源（低压蓄电池、DC/DC 转换器）、电动空调系统、电动助力转向系统、电动真空制动系统等。

2.2.4　北汽 EV160 纯电动汽车组成与结构

北汽 EV160 纯电动汽车控制系统结构如图 2-2-5 所示，包括电源系统［动力电池箱、电池管理系统（BMS）、车载充电机］、驱动及传动系统（电机控制器、驱动电机、减速驱动桥等）、整车控制系统（整车控制器、加速踏板位置传感器、制动踏板位置传感器、档位信号、起动钥匙信号等）、高压配电系统（高压配电盒）、辅助系统［DC/DC 直流转换器、低压蓄电池、电动助力转向系统（EPS）、电动真空制动系统、电动空调系统、仪表显示系统等］。

2.2.5　北汽 EV160 纯电动汽车主要部件介绍

EV160 纯电动汽车主要部件位置如图 2-2-6 所示，该车的电力驱动控制系统，都集中在前机舱内。

1. 电源系统

电源系统包括动力电池、电池管理系统（BMS）、充电系统等。

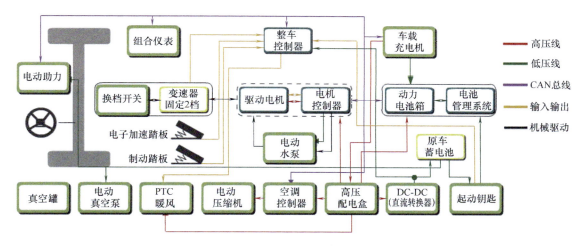

图 2-2-5　北汽 EV160 纯电动汽车控制系统结构

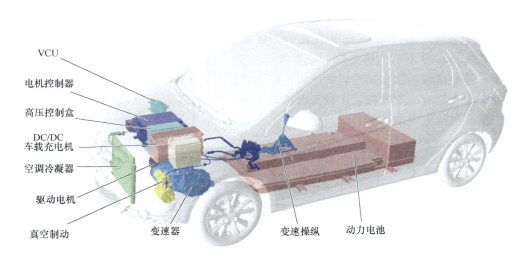

图 2-2-6　EV160 主要部件位置

（1）动力电池　北汽 EV160 动力电池箱如图 2-2-7 所示，动力电池分布于汽车地盘中。动力电池提供的电能，通过驱动电机转化为机械能，经由传动机构传递到驱动轮，驱动汽车行驶。动力电池箱内包括了动力电池模组、电池管理系统（BMS）及相应的辅助元器件组成。辅助元器件主要包括系统内部的电子元器件，如熔断器、继电器、线束及插接件、温度传感器等，以及维修开关、密封条和绝缘材料等。

（2）电池管理系统　北汽 EV160 电池管理系统（BMS）如图 2-2-8 所示。BMS 是电池保护和管理的核心部件，在动力电池系统中，它的作用相当于人的大脑。它不仅要保证电池安全可靠的使用，而且要充分发挥电池的能力和延长使用寿命，作为电池和整车控制器（VCU）以及驾驶人沟通的桥梁，通过控制接触器控制动力电池组的充放电，并向 VCU 上报动力电池系统的基本参数及故障信息。

BMS 具备的功能：通过电压、电流及温度检测等功能实现对动力电池系统的过电压、欠电压、过电流、过高温和过低温保护，对继电器控制、SOC 估算、充放电管理、均衡控制、故障报警及处理、与其他控制器通信功能等功能，此外电池管理系统还具有高压回路绝缘检测功能，以及为动力电池系统加热功能。

图 2-2-7　EV160 动力电池　　　　图 2-2-8　EV160 电池管理系统

（3）充电系统　　EV160 的充电系统分为快充系统和慢充系统两部分，其系统简图如图 2-2-9 和图 2-2-10 所示。快充接口在车头车标处，通过直流充电桩给动力电池充电，充电速度快。慢充口在传统车加油口的位置，可以通过交流充电桩或家用交流充电线 2 对动力电池进行充电，充电速度较慢。车载充电机的主要作用是将 220V 交流电转换为动力电池的直流电，实现电池电量的补给。

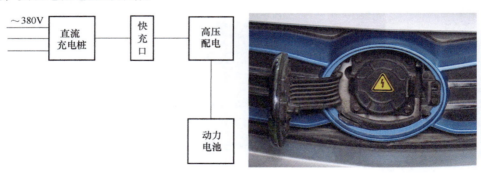

图 2-2-9　快冲系统及接口

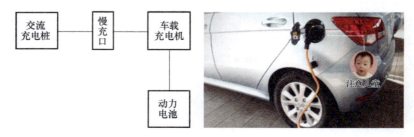

图 2-2-10　慢充系统及接口

2. 驱动及传动系统

驱动及传动系统主要由电机控制器、驱动电机和减速驱动桥构成。

（1）电机及控制系统　电机及控制系统结构如图2-2-11所示，驱动电机系统作为纯电动汽车的主要部件之一，是车辆主要执行机构，其性能决定了车辆主要性能指标，直接影响车辆动力性、经济性。

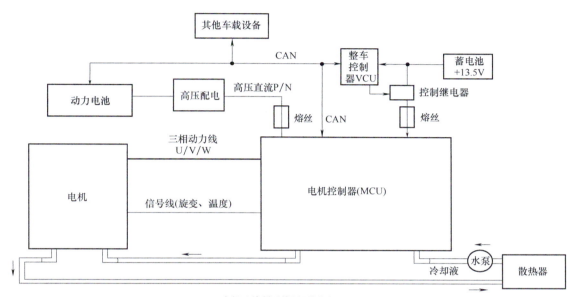

a) 电机及控制系统原理框图

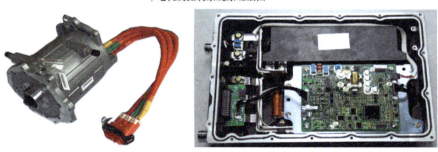

b) 驱动电机及控制器实物

图 2-2-11　驱动电机系统

电机及控制系统通过高低压线束、冷却管路与整车其他系统作电气和散热连接。电机控制器接收整车控制器指令，实时调整驱动电机的输出，以实现整车怠速、加减速、能量回收及倒车等工作状态。电机控制器还能够实时进行电机状态和故障检测，以保护驱动电机系统和整车安全可靠运行。电机及控制器采用水冷方式，由电动水泵实现冷却液的强制循环，对电机及控制器进行散热。

（2）传动系统　EV160纯电动汽车的传动系统，主要指其搭载的前置前驱减速器EF126B02减速器，如图2-2-12所示，其主要功能是降低驱动电机转速，提高转矩，以实现整车的驱动需求。EF126B02减速器采用左右分箱、两级传动的结构设计，结构紧凑，体积较小；同时采用了前进档和倒档共用的结构设计，整车的倒档通过电机反转实现。

图 2-2-12　EF126B02 减速器结构图

3. 整车控制系统

整车控制系统包括整车控制器、加速踏板位置传感器、制动踏板位置传感器、档位信号、起动钥匙信号等。

（1）整车控制器　EV160 纯电动汽车的整车控制器如图 2-2-13 所示。整车控制系统中，整车控制器配合其他子系统控制器，根据驾驶人意图及车辆工况，来完成车辆运行过程中能量流动的控制，即车辆加速、减速、能量回收等。此外，整车控制器还需要对整车所有用电器进行控制，保证车辆的正常运行。

图 2-2-13　整车控制器

（2）电子换档旋钮　EV160 纯电动汽车电子换档旋钮如图 2-2-14 所示。档位设置 R 位

图 2-2-14　电子旋钮式换档系统

（倒车档）、N 位（空档）、D 位（前进档）、E 位（用于能量回收）。

4. 高压配电系统

北汽 EV160 纯电动车高压系统部件及线束如图 2-2-15 所示。整车高压系统包括动力电池、车载充电机、慢充接口及线束、快充接口及线束、电机控制器、驱动电机、DC/DC 转换器、高压控制盒、高压辅件及连接各高压部件的线束。其中，高压控制盒的主要作用是完成动力电池电源的输出及分配，实现对支路用电器的保护及切断。

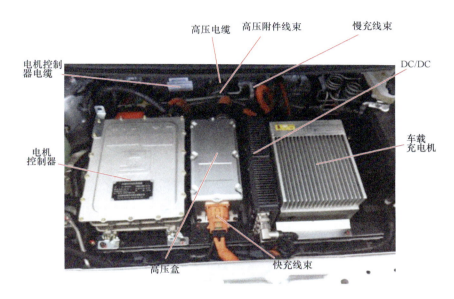

a) EV160 高压系统部件及线束

b) 高压控制盒

图 2-2-15　EV160 高压系统部件及线束

5. 辅助系统

辅助系统包括 DC/DC 直流转换器、低压蓄电池、电动助力转向系统（EPS）、电动真空制动系统、电动空调系统和仪表显示系统等。

（1）DC/DC 转换器及低压蓄电池　DC/DC 转换器如图 2-2-16 所示，主要作用是将动力电池的高压直流电转换为 12V 直流电，为整车低压用电系统供电及铅酸电池充电。

（2）转向系统（EPS）　电动助力转向系统（EPS）由转矩传感器、电子控制单元及助力电机组成，如图 2-2-17 所示。

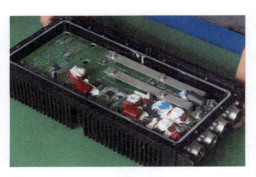

图 2-2-16　DC/DC 转换器　　　　　　　　图 2-2-17　电动助力转向系统

在电动助力转向系统中，电子控制单元根据各传感器采集的信号计算所需的转向助力，控制助力电机的转动，电机输出的动力经过减速增扭后驱动齿轮齿条结构产生相应的转向助力。目前，电动助力转向系统按照助力作用位置的不同，可以分为管柱助力式、齿轮助力式和齿条助力式。电动助力转向系统中，12V 直流电驱动助力电机进行转向助力，根据车速来控制驱动电流大小，从而调节助力的大小，实现车速高时助力小，车速低时助力大的要求。

（3）制动系统　纯电动汽车 ABS 系统和制动真空助力系统，真空助力的真空源来自于 12V 直流电驱动的真空泵，如图 2-2-18 所示。在停车时真空助力也可起作用，带能量回收系统。制动系统的作用主要有三个：使行驶中的汽车按照驾驶人的要求进行强制减速甚至停

图 2-2-18　制动系统

车；使已停止的汽车在各种道路条件下稳定驻车；使下坡行驶的汽车速度保持稳定。EV160纯电动汽车的制动系统的助力装置采用的电动真空助力系统，当汽车起动后，电子控制系统模块会自动进行自检，若真空罐中的真空度小于设定值，则真空压力传感器输出相应信号至控制器，控制器控制电动真空泵开始工作，当真空度达到设定值后，由相应的控制信号控制真空泵停止工作。当真空罐的真空度由于制动而有所消耗时，同样由电子控制系统控制真空泵的工作。

（4）空调与暖风系统　EV160纯电动汽车的空调与暖风系统如图2-2-19所示。纯电动汽车的制冷系统采用的电动压缩机，暖风系统采用PTC加热器。

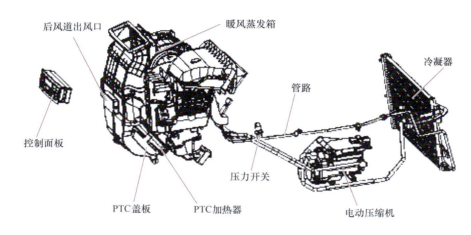

图2-2-19　空调与暖风系统

（5）组合仪表　EV160纯电动汽车的组合仪表如图2-2-20所示。组合仪表可显示车速、电量等信息，见表2-2-1。

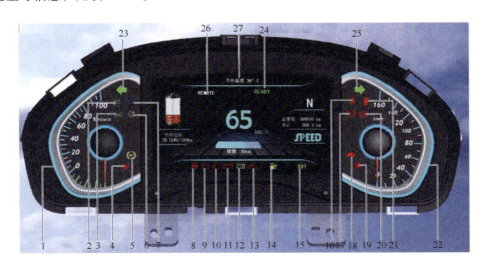

图2-2-20　EV160仪表

表 2-2-1　EV160 仪表指示灯

序号	名　称	序号	名　称	序号	名　称
1	驱动电机功率表	10	电机及控制器过热指示灯	19	充电线连接指示灯
2	前雾灯	11	动力电池故障指示灯	20	驻车制动指示灯
3	示廓灯	12	动力电池断开指示灯	21	门开指示灯
4	安全气囊指示灯	13	系统故障灯	22	车速表
5	ABS 指示灯	14	充电提醒灯	23/25	左/右转向指示灯
6	后雾灯	15	EPS 故障指示灯	24	READY 指示灯
7	远光灯	16	安全带未系指示灯	26	REMOTE 指示灯
8	跛行指示灯	17	制动故障指示灯	27	室外温度提示
9	蓄电池故障指示灯	18	防盗指示灯		

拓展阅读

2.2.6　增程式电动汽车组成结构

1. 增程式电动汽车定义

增程式电动汽车（Extended Range Electric Vehicle，E-REV），是指整车在纯电动模式下可以达到其所有的动力性能，而当车载可充电电池无法满足续驶里程要求时，打开车载辅助发电装置为动力系统提供电能，以延长续驶里程。

2. 增程式电动汽车的工作原理

增程式电动汽车在本质上属于纯电动车，当蓄电池有足够电量时，增程式电动汽车驱动系统的动力全部来源于蓄电池，在一定的行驶距离范围内，增程式电动汽车的行驶完全依靠蓄电池提供的动力来完成，实现"零油耗、零排放"，相当于使用纯电动汽车。而在超出一定行驶距离、蓄电池的能量耗尽的情况下，内燃机就自动接通带动发电机发电，补充车辆行驶所需电能，进入混合动力模式，延长它的行驶里程，从而使车辆能够到达充电站或加油站。增程式电动汽车的蓄电池和动力推进系统经过精准的设置，可以使车辆在由蓄电池提供足够的电能的时候，不需要发动机进行工作来产生额外的电能。在由蓄电池驱动车辆时，可以保证车辆顺利实现加速、最高时速以及爬坡等各种性能；当由增程器提供动力时，增程式电动汽车能够满足基本的车辆行驶要求。增程式电动汽车系统结构和汽车内部能量转换及系统控制如图 2-2-21 和图 2-2-22 所示。

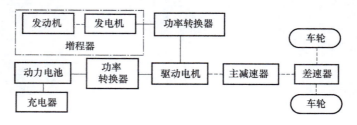

图 2-2-21　增程式电动汽车系统结构

注：---机械连接　—电气连接

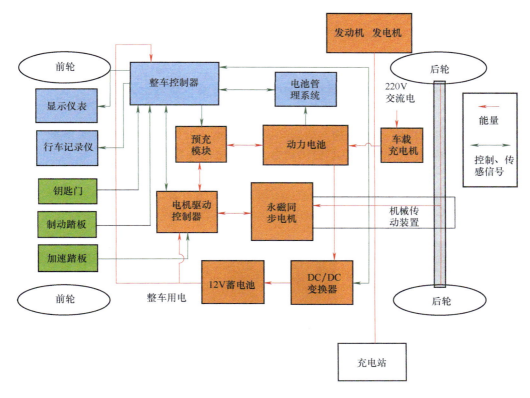

图 2-2-22 增程式电动汽车内部能量转换及信号控制

3. 增程式电动汽车的三种工作模式

增程式电动汽车根据不同运行工况和驾驶人指令,可以灵活变换以下三种工作模式,达到最佳节油效果。

(1) 纯电动模式 这种模式通过外接插头利用充电桩充电,在动力电池容量范围内车辆可以以纯电动模式行驶,此时增程器不工作,只做非正常情况时的备用状态,达到了零排放,完全是一台纯电动汽车。

(2) 混合动力运行模式 这种模式与传统的混合动力模式相似,正常情况下利用车载动力电池提供的电力行驶,当车辆加速或者爬坡的时候,增程器起动,提供部分辅助电能用以驱动车辆行驶,同时给动力电池充电,并能够回收部分制动能量,此时增程器工作在最佳功率输出状态,节油率在 20%~30% 左右。

(3) 增程运行模式 在这种模式下,夜间利用充电桩为车辆充满电,白天根据行驶里程有计划地使用动力电池的能量,尽量不使用增程器。当动力电池电量降低到最低限定值时,起动增程器开启增程模式,通过增程器为动力电池充电(此时增程器不提供驱动力),以增加车辆的续驶里程,在这个过程中可以回收部分制动能量。这种模式可以显著提高节油率,节油率可达 50% 以上。

 实践技能

2.2.7 北汽 EV160 纯电动汽车结构认知

下面以北汽 EV160 纯电动车为例,说明纯电动汽车的结构与组成。

1. 车辆准备

准备北汽 EV160 纯电动车 1 辆,如图 2-2-23 所示。北汽 EV160 纯电动车是一款两厢车,续驶里程 160km,用电池为汽车提供动力,动力电池安装在车辆底部。

2. 实践操作

(1) 找到动力电池 动力电池安装在车辆底部,如图 2-2-24 所示。该动力电池为磷酸铁锂电池,容量为 80A·h,额定电压为 320V,电量为 25.6kW·h。

图 2-2-23 北汽 EV160 纯电动车

图 2-2-24 EV160 动力电池安装位置及参数

(2) 到充电口 EV160 有两种充电方式,一种为慢充、一种为快充,如图 2-2-25 所示。慢充时,充满电需要 7~8h;快充时,从 20% 电量充到 80% 电量需要 1h。慢充口可以通过交流充电桩或交流充电线 2 给动力电池充电。快充口通过直流充电桩给动力电池充电。

a) 慢充口

b) 快充口

c) 交流充电线2

图 2-2-25 EV160 充电口与家用交流充电线 2

(3) 找到高压控制盒与车载充电机 高压控制盒与车载充电机如图 2-2-26 所示。高压控制盒将动力电分配到各高压用电设备。车载充电机将 220V 交流电转换成 320V 直流电,向动力电池充电。

(4) 找到电机控制器和整车控制器 电机控制器和整车控制器如图 2-2-27 所示。电机控制器接收整车控制器的信号,汽车正常行驶时把直流电转为三相交流电驱动电机转动;车辆减速和制动时,可以将电机发出三相交流电转换成直流电。

整车控制器主要是判断驾驶人的意愿，根据车辆行驶的状态、电池和电机系统的状态进行动力分配，使车辆运行在最佳状态。

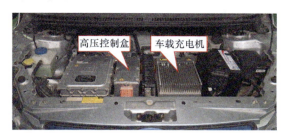

图 2-2-26　高压控制盒与车载充电机

（5）找到 DC/DC 转换器和低压蓄电池　DC/DC 转换器和低压蓄电池如图 2-2-28 所示。DC/DC 转换器将高压直流电转换为 14V 低压直流电，给蓄电池充电并向其他低压设备供电。

图 2-2-27　电机控制器和整车控制器

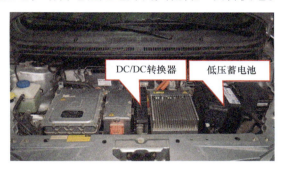

图 2-2-28　DC/DC 转换器和低压蓄电池

（6）找到驱动电机和减速驱动桥总成　驱动电机和减速驱动桥总成如图 2-2-29 所示。驱动电机为永磁同步电机，额定功率为 20kW，额定转速为 2812r/min。驱动电机产生的动力通过固定速比减速器、主减速器、差速器，传递到半轴及车轮，驱动汽车行驶。

（7）找到电动水泵和电动压缩机　电动水泵和电动压缩机如图 2-2-30 所示。电动水泵将散热器内的冷却液输送到电机控制器及电机，对其进行冷却。电动空调压缩机将制冷剂进行压缩、循环，产生制冷效果。

图 2-2-29　驱动电机和减速驱动桥总成

图 2-2-30　电动水泵和电动压缩机

（8）找到电动真空泵和真空罐　电动真空泵和真空罐如图 2-2-31 所示。电动真空泵产生真空，储存在真空罐中，辅助驾驶人进行制动。

（9）找到电动助力转向助力电机　电动助力转向助力电机如图 2-2-32 所示。电动助力转向的助力电机，辅助驾驶人进行转向。

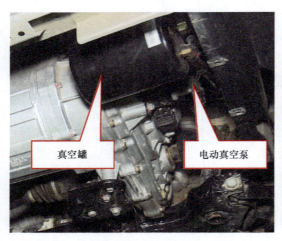

图 2-2-31　电动真空泵和真空罐

图 2-2-32　电动真空泵和真空罐

单元小结

1. 纯电动汽车（Battery Electric Vehicle，简称 BEV），是指以车载电源为动力，用电机驱动车轮行驶，符合道路交通、安全法规各项要求的车辆。

2. 纯电动汽车的结构主要由电力驱动控制系统、汽车底盘、车身以及各种辅助装置等部分组成。

3. 北汽 EV160 纯电动汽车驱动及传动系统包括电机控制器、驱动电机、减速驱动桥等。

4. 辅助系统包括 DC/DC 转换器、电动助力转向系统（EPS）、电动真空制动系统、电动空调系统系统等。

任务工单2.2

任务名称	2.2 纯电动汽车组成结构认知	学时	4	班级	
学生姓名		学生学号		任务成绩	
实训设备	北汽EV160纯电动汽车整车2辆、传统燃油汽车2辆、高压零部件展示柜2套、XK-XNY-DSCZ1型低速电动车拆装实训车4辆、举升机4台、绝缘工具4套、车间安全防护用品4套、带锁储物箱4个、个人防护用具4套、检测仪器（万用表、绝缘电阻等）2套。	实训场地	新能源汽车理实一体化教室	日期	
任务描述	小王是某纯电动汽车4S店的服务顾问，客户张先生对一款纯电动汽车特别感兴趣，想让小王介绍下纯电动汽车的组成与结构。假如你是小王，你能向张先生介绍纯电动汽车的组成与结构吗？				
任务目的	以行动为导向，引导学生制订计划，认知纯电动汽车的组成与结构。在此过程中学习相关理论知识和实践操作技能。				

一、资讯

1. 纯电动汽车（Battery Electric Vehicle，简称_____），是指以_____为动力，用驱动车轮行驶，符合道路交通、安全法规各项要求的车辆。它利用动力电池（如铅酸电池、镍镉电池、_____电池或_____电池）作为储能动力源，通过动力电池向电机提供电能，驱动电机运转，从而推动汽车前进。
2. 电源系统包括动力电池箱、电池管理系统（BMS）、_____。
3. 驱动及传动系统包括_____、驱动电机、减速驱动桥等。
4. 整车控制系统包括_____、加速踏板位置传感器、制动踏板位置传感器、档位信号、起动钥匙信号等。
5. 高压控制盒属于_____系统。
6. 辅助系统包括DC/DC转换器、低压蓄电池、_____、_____、电动空调系统、仪表显示系统等。

二、计划与决策

请根据任务要求，确定所需要的检测仪器、工具，并对小组成员进行合理分工，制订详细的认知纯电动汽车组成结构的工作计划。

1. 需要的资料及用具

2. 小组成员分工

3. 工作计划

三、实施

1. 车辆准备

准备北汽EV160纯电动汽车1辆。北汽EV160纯电动汽车是一款两厢车，续驶里程_____km，用电池为汽车提供动力。

2. 实践操作
(1) 找到动力电池
　　动力电池安装在_____。该动力电池_____电池，容量为_____A·h，额定电压_____V，电量_____kW·h。

(2) 找到充电口
　　EV160 有两种充电方式，一种为_____、一种为_____。慢充时，充满电需要 7~8h；快充时，从 20% 电量充到 80% 电量需要 1h。慢充口可以通过_____或交流充电线 2 给动力电池充电。快充口通过_____给动力电池充电。

　　　a) 慢充口　　　　　　　b) 快充口　　　　　　c) 交流充电线2

(3) 找到高压控制盒与车载充电机
　　高压控制盒将动力电分配到各高压用电设备。车载充电机将_____V 交流电转换成 320V 直流电，向动力电池充电。

(4) 找到电机控制器和整车控制器
　　电机控制器接收_____的信号，汽车正常行驶时把直流电转为_____电驱动电机转动；车辆减速和制动时，可以将电机发出三相交流电转换成直流电。整车控制器主要是判断_____，根据车辆行驶的状态、电池和电机系统的状态进行动力分配，使车辆运行在最佳状态。

(5) 找到 DC/DC 转换器和低压蓄电池
　　DC/DC 转换器将_____转换为_____V 低压直流电，给蓄电池充电并向其他低压设备供电。

(6) 找到驱动电机和减速驱动桥总成
　　驱动电机为_____电机，额定功率为_____kW，额定转速为_____r/min。驱动电机产生的动力通过固定速比减速器、主减速器、差速器，传递到半轴及车轮，驱动汽车行驶。

（7）找到电动水泵和电动压缩机

电动水泵将散热器内的冷却液输送到_____及_____，对其进行冷却。电动空调压缩机将制冷剂进行压缩、循环，产生制冷效果。

（8）找到电动真空泵和真空罐

电动真空泵产生_____，储存在真空罐中，辅助驾驶人进行制动。

（9）找到电动助力转向助力电机

电动助力转向的助力电机，辅助驾驶人进行_____。

四、检查

实验完成后，进行如下检查：

1）检查车辆、工具、设备是否复位：_____。
2）检查场地是否清洁：_____。
3）检查任务工单是否填写完整：_____。

五、评估

1. 请根据自己任务完成的情况，对自己的工作进行自我评估，并提出改进意见。

   1) _____

   _____

   2) _____

   _____

2. 工单成绩（总分为自我评价、组长评价和教师评价得分值的平均值）

自我评价	组长评价	教师评价	总分

学习单元 2.3　纯电动汽车驾乘体验

任务导入

小王是某纯电动汽车 4S 店的服务顾问,客户张先生对一款纯电动汽车特别感兴趣,想申请试乘试驾。假如你是小王,你能安全规范地带领张先生进行试乘试驾吗?

学习目标

1. 能说出试乘试驾时的注意事项。
2. 能正确识别纯电动汽车各个操作按钮或开关的位置,并能说出其功能。
3. 能说出对纯电动汽车试乘试驾的评价项目。
4. 能正确安全地进行纯电动汽车驾驶操作。
5. 能在驾乘过程中提高绿色、低碳出行的自觉性。

理论知识

2.3.1　试驾须知

试驾是 4S 店举办的一种直观的促销活动,吸引着有购车需求的客户群体来体验这款车型的性能和实用性。但是,对于新手或者有很长时间没有摸过车的人员来说,最好不要轻易去尝试试驾活动。试驾时要注意以下事项:

1)选择专供试驾用的车辆试驾的时候,最好选择已经投保车险的专供试驾用的车辆。因为有些试驾车是待销售的车辆,并没有上保险,一旦出了事故,就需要消费者承担责任。

2)试驾前签署内容具体、权责分明的试驾协议,如:车辆发生损伤是否按修复该车的实际费用赔偿,如果赔偿额高于实际费用可拒签。

3)按照经销商规定的线路,谨慎驾试。虽然很多试驾都规划了场地,路况相对较好,但是试驾时不能因此而放松警惕。

4)不熟练者不宜试驾,新手、已有驾照却很少碰车的"老手",都不适合参加试驾。因为驾驶技术不熟练,在驾驶的时候比较紧张,再加上心情激动,很容易出问题。而且,这样在试驾的过程中根本就感受不到汽车的性能如何。

因此,凡是新手在没有确定自己的技术足够成熟之前,还是尽量避免试驾没有上过保险的专供试驾车辆,避免承担不必要的责任,也为自己免去了不必要的麻烦。

2.3.2　车辆正确使用

以北汽 EV160 纯电动汽车为例,介绍纯电动车辆的正确使用。

1. EV160 纯电动汽车用户须知

1)车辆安装了 300 多伏的高压动力电池,驱动电机的工作电压也是高压,不要触摸高压线缆(这些高压线缆表面颜色为橘黄色)及插接件、拆卸或更换驱动电机、动力电池、高压线束等零部件，防止触电。

2）遵循车上零部件所附的所有警告标签。

3）对汽车部件的任何变更，可能影响汽车性能和高压安全，可能导致触电等安全上的危险。因此，任何涉及拆卸电器系统或更换继电器的工作都要由北汽新能源公司特约店进行，严禁自行拆卸或更换。

4）极端天气下车辆使用建议。夏季天气炎热气温高，为保证车辆及驾驶人安全，建议不要将车辆长期停放在高温烈日下暴晒，最好选择停放在通风效果好的空地。

雨天时，若地面积水没过电池包底部，严禁起动车辆，请及时与北汽新能源公司特约店取得联系。

冬季使用时，动力电池的效率较低，建议随用随充。当车辆使用完毕后，应立即给车辆进行充电，以提高充电效率。

5）电动车机舱使用注意事项。打开电动车机舱前，需将钥匙拧至OFF档；电动车机舱内部标有高压危险警示标的器件，严禁用手直接去触摸；车辆机舱内严禁喷水，冲洗；不要在雨中打开前舱盖，以防止漏电。

用户不得私自开启高压电器盒。如果高压熔丝熔断，表示汽车电器系统有较大的故障，应立即与北汽新能源公司特约店取得联系。

6）车门无法打开。可能是12V蓄电池电量不足，发生此种情况时，请及时与北汽新能源公司特约店取得联系。

7）车辆无法起动。可能的原因：检查SOC电量表，读取剩余电量，当电池电量低时，请进行充电；检查充电口盖是否关闭好；12V蓄电池电量不足。

当进行上述操作后，车辆仍然无法起动，请及时与北汽新能源公司特约店取得联系。

8）在前舱进行作业之前，必须关闭起动开关。

9）发生事故时的注意事项：

① 保持车辆处于N档，关闭汽车。

② 如果车上电线裸露或破损，禁止触碰任何电线，以防触电。

③ 如果发生火灾，应立刻离开车辆并用磷酸铵盐类灭火器灭火，或用大量水灭火。

④ 如果车辆发生碰撞，不允许再次起动车辆。

⑤ 当车辆部分或全部浸没在水中时，关闭车辆并及时逃离。如果打捞时无气泡或吱吱声，则可以进行打捞作业。如果发现有气泡产生或无吱吱声，需要等待到无气泡产生或无吱吱声后进行作业。此时无论在水里或出水后触碰车体或结构都不会有触电风险。

⑥ 事故处理完毕后，请联系北汽新能源公司特约店检修。

⑦ 车辆带有救援信息卡（放在仪表板手套箱内），在救援人员到场的情况下，请出示该救援信息卡给救援人员。

10）动力电池系统回收。本车所用动力电池为锂离子系统，安装于汽车底盘位置，随意处理可能对环境造成污染和危害。有关锂离子动力电池系统的报废处理的详情请咨询北汽新能源公司特约店。

11）车内空调温度不要调得过冷或暖风不要调得过热，使用空调或暖风会使您的爱车行驶里程缩短10%~20%。

12）轻踩加速踏板既安全又"省油"，可让我们心情舒畅地驾驶。

13）您的爱车具备能量回收系统，当您使用 D 位或 E 位进行滑行或者踩制动踏板减速时，能量回收系统会给您的爱车充电。

2. EV160 纯电动汽车驾乘操作的主要部件及位置介绍

（1）钥匙锁车和解锁　北汽 EV160 车钥匙为遥控钥匙，如图 2-3-1 所示。按下遥控钥匙锁止按钮一次，所有车门被锁止，转向灯闪亮三次，系统进入防盗状态。也可使用钥匙手动锁止：顺时针方向旋转驾驶人车门锁芯（注意旋转副驾驶人侧锁芯是不能锁其他车门的，只能锁自身的），所有车门被锁止。

按遥控器解锁按钮一次，所有车门解锁，转向灯闪亮 1 次，报警系统解除。用钥匙逆时针方向旋转驾驶人侧门锁芯，所有车门也可解锁，但报警系统不解除（注意旋转副驾驶人侧锁芯是不能解锁其他车门的，只能开启自身的锁）。

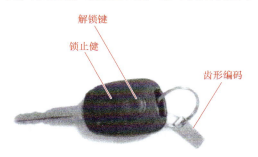

图 2-3-1　EV160 遥控钥匙

（2）前排座椅调节　北汽 EV160 驾驶人座椅如图 2-3-2 所示。驾驶人座椅可实现前后调节、高度调节及靠背角度调节。通过调节，可使不同身材的驾驶人找到合适的座椅位置。

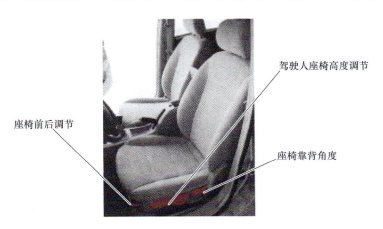

图 2-3-2　EV160 驾驶座椅调节

（3）安全带　北汽 EV160 安全带及卡扣如图 2-3-3a 所示。作为被动安全装置之一，在发生碰撞时，安全带与安全气囊一起发挥作用，才能最大限度地保护驾乘人员安全，如图 2-3-3b 所示，因此驾乘车辆一定要系好安全带。

（4）转向盘调节　转向盘角度可调节至不同驾驶人所需的驾驶位置。当车辆静止时，向下推动锁定连杆释放转向盘。移动转向盘（向上或向下）至舒适位置，并确保清晰的仪表盘视野。当调节完成，向上拉动锁定连杆锁定转向盘位置，如图 2-3-4 所示。

（5）外后视镜调节　北汽 EV160 外后视镜为电动后视镜，由后视镜调节开关控制，后视镜调节开关位于驾驶人门上主控开关的前端，如图 2-3-5 所示。调节过程如下：

1）转动后视镜调节旋钮至"L"或"R"位置（选择左侧或右侧后视镜）。

2）摇动选择器开关向上/下/左或右调节外后视镜玻璃。

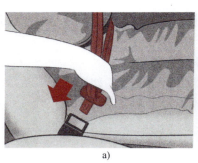
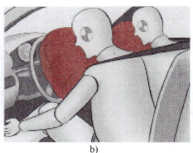

a) b)

图 2-3-3　EV160 安全带及安全气囊

3）当调节完成后，回复选择器开关至"O"位置（在"左侧"和"右侧"中间的位置）。

（6）控制开关　北汽 EV160 中控集成的开关如图 2-3-6 所示，主要有灯光控制及调节开关、刮水器控制开关、空调控制开关及音响控制开关等。

图 2-3-4　EV160 转向盘调节

图 2-3-5　EV160 电动后视镜调节

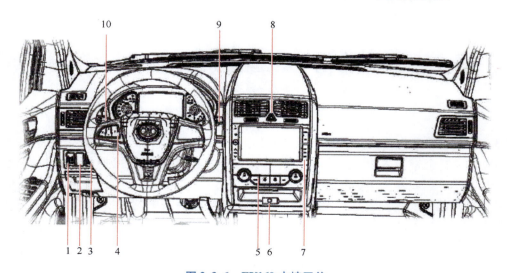

图 2-3-6　EV160 中控开关

1—前照灯灯光高度控制开关　2—远程控制开关　3—背光调节开关　4—遥控音响控制按键
5—空调控制开关　6—无线充电按键（高配）　7—音响控制面板　8—危险警告开关
9—刮水器洗涤控制开关　10—灯光控制开关

（7）组合仪表　北汽 EV160 纯电动汽车仪表与传统汽车仪表所显示的信息不同，仪表外形参见图 2-2-20。主要显示驱动电动机功率、车速、剩余电量、故障灯等。

（8）换档旋钮　北汽 EV160 纯电动汽车采用电子换档旋钮进行换档，如图 2-3-7 所示。该电子换挡旋钮设置了倒档（R 位）、空档（N 位）、前进档（D 位）、经济模式（E 位）四个档位。换档旋钮旋至某一档位时，档位信号会传至整车控制器，整车控制器根据驾驶人意图控制驱动电机正转、反转或进行经济模式等工况。

3. 驾驶操作

（1）起动开关　起动开关位于转向柱右侧，它有 4 个档位，如图 2-3-8 所示。它按照以下顺序可以操作方向锁，接通电路并启动驱动电机。

图 2-3-7　EV160 电子换档旋钮

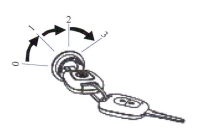

图 2-3-8　EV160 起动开关

图 2-3-8 中，在位置 0（LOCK）时，拔下起动钥匙，转向盘锁止，大多数电路不能工作；在位置 1（ACC）时，转向盘解锁，个别电器和附件可以工作；在位置 2（ON）时，所有仪表、警告灯和电路可以工作，高压上电完毕。当钥匙位于 ON 档且档位在 N 位时，整车即可以显示 READY，可以踩制动踏板挂档行车。位置 3（START）的功能在北汽 EV160 纯电动汽车中并未启用。

（2）选择前进档 D　在换档之前，先踩制动踏板，否则档位选择无效。将换档旋钮旋至 D 档位置。此时字母 D 显示为冰蓝色，其余未选中档位字母为白色。

（3）选择倒档（R 位）　在选择倒档前，确保车辆处于静止状态。然后踩下制动踏板，将旋钮旋至 R 位。此时，字母 R 显示为冰蓝色，其余未选中档位字母为白色。

（4）前进档经济模式 E　在换档之前，先踩制动踏板，否则档位选择无效。将旋钮旋至 E 位。此时，字母 E 显示为冰蓝色，其余未选中档位字母为白色。

（5）选择空档（N 位）　在选择空档前，确保车辆处于静止状态。

（6）辅助按键 E + 和 E −　位于换档旋钮左侧，其在 E 位有效。E + 表示制动能量回收强度增加，最大为 3 档；E - 表示制动能量回收强度减小，最小为 1。

1）换档注意事项：车辆静止时，驾驶人进行换档操作必须同时踩下制动踏板才能换档成功。如果驾驶人换档时，未踩下制动踏板，仪表显示当前换档旋钮的物理档位并进行闪烁，此时驾驶人需要换至 N 位，重新进行换档操作。

车辆运行中，当车速低于 5km/h 并不为 0 时，驾驶人进行换档操作，从 D→R 位、E→R 位，或者从 R→D 位、R→E 位不需要踩制动踏板。当车速高于 5km/h 时，从 D→R 位、E→R 位，或者从 R→D 位、R→E 位，仪表显示当前档位位置并闪烁，整车不响应加速需求。

2)驾驶时的注意事项:
① 在驾驶过程中,勿将手放置在换档旋钮上,手的压力可能导致换档机构的过早磨损。
② 起动车辆前确认旋钮处于 N 位。
③ 在车辆运行过程中请勿换档。

2.3.3 驾乘体验评价

通过对纯电动汽车的试乘试驾,驾乘人员可根据试乘试驾评价表对该款纯电动汽车进行整体评价,包括车辆外观、驾乘的舒适性、操作性、安全性、动力性、经济性以及车内感受等,试乘试驾评价表详见本单元任务工单。

2.3.4 电动汽车的行驶工况和性能指标

根据我国目前的情况,在特定区域内,电动汽车的行驶工况与性能指标如下:

1)在城市高等级快速公路上行驶时,道路设施完善,路面为柏油路或水泥路。由于广泛采用立体交通,立交桥的路面坡度一般为 4%~5%。电动汽车在这种路面上行驶时,车速一般为 60~100km/h。目前,电动汽车的比功率均低于燃油汽车,相应地,电动汽车的最高车速略低一些。电动轿车的最高车速一般为 80~100km/h,电动大客车的最高车速一般为 75~90km/h。同时,在设计时应考虑到电动汽车在立交桥坡道上原地起步的工况。因此,在这种路面上电动汽车能克服的坡度应不低于 15%。对于在市区运行的电动公共汽车,车站与车站之间的距离通常为 1km 左右,车辆需要经常起步和停车,乘客时多时少,高峰时电动公共汽车的超载能力为设计载荷能力的 1.4~1.8 倍。尤其在夏天,电动公共汽车长时间在高温、高负荷状态下工作,因此设计时应考虑合理的过热保护和过载保护。

2)最大坡度行驶工况,燃油汽车的最大坡度不小于 60%。我国某些沿海港口、旅游观光胜地以及内地山城的城区郊区的坡度较大。对于像从泰安上泰山的汽车公路,坡度在 15% 左右,考虑到在坡道上起步的能力,根据电动汽车的不同用途,设计时电动汽车能克服的最大坡度一般选 18%~27% 比较合适(有特殊要求的除外)。

3)汽油机轿车的加速性能要求很高,高级轿车的超车加速性能要求更高,因此轿车的后备功率很大,最大功率在 100kW 以上。纯电动轿车由于受到电动机功率和动力电池的质量与尺寸的限制,要达到同类汽油机轿车的加速性,目前还比较困难。设计时,除特殊要求外,电动汽车的加速能力与其最大爬坡能力相当即可。

2.3.5 北汽 EV160 纯电动汽车试驾操作

1. 车辆准备

准备北汽 EV160 纯电动汽车一辆,如图 2-3-9 所示。

2. 部分车辆功能

(1)起动开关 起动开关有四个档位:LOCK、ACC、ON 和 STA,如图 2-3-10 所示。

未插入起动钥匙时,转向盘锁止,大多数电器不能工作;插入起动钥匙,将起动开关置于 ACC 档,转向盘解锁,中控台等部分电器可以使用;将起动开关置于 ON 档,所有仪表、警告灯和电路可以工作,高压上电完毕。

图 2-3-9　北汽 EV160 纯电动汽车

图 2-3-10　北汽 EV160 起动开关

(2)电子换档旋钮　电子旋动旋钮,可选择倒档(R 位)、空档(N 位)、前进档(D 位)、经济模式 E 四个档位,如图 2-3-11 所示。当电子换挡旋钮在 E 位时,按动 E + 或 E - ,可调节制动能量回收强度。同时,转向盘上也有制动能量回收按键,在行驶中按下 B 按键,可由 D 位切换到 E 位。

图 2-3-11　北汽 EV160 电子换档旋钮及转向盘制动能量回收按键

(3)组合仪表　北汽 EV160 纯电动汽车组合仪表与传统燃油汽车仪表不同,如图 2-3-12 所示。仪表显示驱动电动机输出功率、剩余电量、续驶里程、百公里平均电耗、车速、安全带未系指示灯、门开指示灯、驻车制动指示灯、充电线连接指示灯等。

当起动钥匙置于 ON 位时,系统进行自检,仪表上各系统故障提示灯点亮,如果各系统正常,故障提示灯熄灭,其中有安全气囊故障提示灯、制动故障指示灯、动力电池断开指示灯、系统故障灯等。

(4)中控台　北汽 EV160 中控台如图 2-3-13 所示,触摸屏集成了音响控制、导航、收音机及车辆信息监控、能量流显示、车机互联等功能。

触摸车辆监控图标,可打开车辆监控界面,显示车辆状态、电池状态、电机状态、故障

117

图 2-3-12　北汽 EV160 组合仪表

图 2-3-13　北汽 EV160 中控台

诊断，如图 2-3-14a 所示。车辆状态中会显示车辆就绪状态、能量回收状态、三个级别的故障状态等信息。电池状态中会显示电池系统总电压、电池系统充放电电流信息。电机状态中显示主流母线电压、驱动电机当前转矩、驱动电机控制器温度、驱动电机温度信息。故障诊断中显示电池总电压、电池放电电流、单体电池最高电压、单体电池最低电压、单体电池最高温度、单体电池最低温度、电池正极对地绝缘电阻、电池负极对地绝缘电阻、驱动电机相电流、驱动电机控制器零件号、驱动电机当前状态。

触摸能量流图标，主界面可显示能量流状态，如图 2-3-14b 所示。当驱动车辆行驶时，能量流是从动力电池流向驱动电机；当车辆减速或制动时，能量流是从车轮经过电机流向动力电池，给动力电池充电。右侧界面可显示不同故障等级的提示信息。

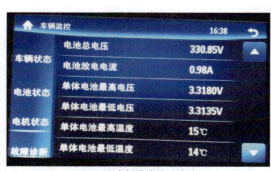 

a) 车辆监控显示界面　　　　　　　　　　b) 能量流显示界面

图 2-3-14　车辆监控及能量流显示界面

3. 驾驶操作

踩下制动踏板，将钥匙插入起动开关，置于 ON 位置，观察并确认电子换档旋钮置于 N 位。观察仪表盘，是否显示 READY。若显示 READY，将转向盘、座椅、后视镜调到合适位置，将电子换档旋钮旋至 D 位，松开驻车制动，松开制动踏板，车辆将缓慢向前行驶。踩下加速踏板，车辆将加速向前行驶，如图 2-3-15 所示。踩下制动踏板，将车辆停稳后，将电子换档旋钮旋至 R 位，松开制动踏板，车辆将向后行驶。

a) 踩下制动踏板

b) 钥匙置于ON位置

c) 电子换档旋钮置于N位

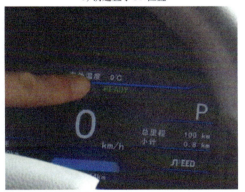

d) 观察仪表盘是否显示READY

e) 将转向盘、座椅、后视镜调到合适位置

f) 电子换档旋钮旋至D位

图 2-3-15　车辆驾驶操作

g) 松开驻车制动及制动踏板　　　　　　　h) 车辆向前行驶

图 2-3-15　车辆驾驶操作（续）

4. 驾乘评价

试驾结束后，完成试乘试驾体验评价表。

 单元小结

1. 试驾时，要选择已经投保车险的专供试驾用的车辆，按照经销商规定的线路，谨慎驾试。

2. 作为被动安全装置之一，在发生碰撞时，安全带与安全气囊一起发挥作用，才能最大限度地保护驾乘人员的安全，因此驾乘车辆一定要系好安全带。

3. 驾乘人员可根据试乘试驾评价表对纯电动汽车进行整体评价，包括车辆外观、驾乘的舒适性、操作性、安全性、动力性、经济性以及车内感受等。

任务工单2.3

任务名称	2.3 纯电动汽车驾乘体验	学时	4	班级	
学生姓名		学生学号		任务成绩	
实训设备	北汽EV160纯电动汽车2辆	实训场地	新能源汽车理实一体化教室及室外试乘试驾场地	日期	
任务描述	小王是某纯电动汽车4S店的服务顾问，客户张先生对一款纯电动汽车特别感兴趣，想申请试乘试驾。假如你是小王，你能安全规范地带领张先生进行试乘试驾吗？				
任务目的	以行动为导向，引导学生制订纯电动汽车驾乘计划。在此过程中学习驾乘体验注意事项和EV160纯电动汽车驾驶操作技能，并完成驾乘体验评价表。				

一、资讯

1. 作为被动安全装置之一，在发生碰撞时，_____与_____一起发挥作用，才能最大限度的保护驾乘人员安全，因此驾乘车辆一定要系好_____。

2. 车辆静止时，驾驶人进行换档操作必须同时踩下_____才能换档成功。如果驾驶人换档时，未踩下制动踏板，仪表显示当前换档旋钮的物理档位并进行闪烁，此时驾驶人需要换至N位，重新进行换档操作。

二、计划与决策

请根据任务要求，确定所需要的检测仪器、工具，并对小组成员进行合理分工，制订详细的驾乘体验工作计划。

1. 需要的资料及用具

2. 小组成员分工

3. 工作计划

三、实施

1. 车辆准备

准备北汽EV160纯电动汽车1辆。北汽EV160纯电动汽车是一款两厢车，续驶里程为_____km，用电池为汽车提供动力。

2. 实践操作

（1）部分车辆功能

1）找到起动开关。起动开关有四个档位：_____、_____、_____和STA。未插入起动钥匙时，转向盘锁止，大多数电器不能工作；插入起动钥匙，将起动开关置于_____档，转向盘解锁，中控台等部分电器可以使用；将起动开关置于_____档，所有仪表、警告灯和电路可以工作，高压上电完毕。

121

2）找到电子旋动旋钮。电子旋动旋钮，可选择倒档＿＿＿＿＿＿＿＿、空档＿＿＿＿＿＿＿＿、前进档＿＿＿＿＿＿＿＿、经济模式＿＿＿＿＿＿＿＿四个档位。当电子换档旋钮在 E 位时，按动 E＋或 E－，可调节制动能量回收强度。同时，转向盘上也有制动能量回收按键，在行驶中按下 B 按键，可由 D 位切换到 E 位。

3）找到组合仪表。请将仪表显示名称填在下表中。

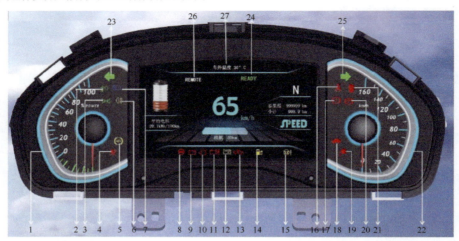

序号	名称	序号	名称	序号	名称
1		10		19	
2		11		20	
3		12		21	
4		13		22	
5		14		23/25	
6		15		24	
7		16		26	
8		17		27	
9		18			

4）找到中控台。北汽 EV160 中控台上的触摸屏集成了音响控制、导航、收音机及＿＿＿＿＿＿＿＿、＿＿＿＿＿＿＿＿显示、车机互联等功能。

触摸车辆监控图标，可打开车辆监控界面，显示车辆状态、电池状态、电机状态和故障诊断。请依次点击各个显示图标，并将显示内容记录在下表中。

显示项目	显示内容
车辆状态	
电池状态	
电机状态	
故障诊断	

触摸能量流图标，主界面可显示能量流状态。当驱动车辆行驶时，能量流是从＿＿＿＿＿＿＿＿流向＿＿＿＿＿＿＿＿；当车辆减速或制动时，能量流是从＿＿＿＿＿＿＿＿经过电机流向＿＿＿＿＿＿＿＿，给动力电池充电。右侧界面可显示不同故障等级的提示信息。

（2）驾驶操作

踩下＿＿＿＿＿＿＿＿，将钥匙插入起动开关，置于＿＿＿＿＿＿＿＿位置，观察并确认电子换档旋钮置于＿＿＿＿＿＿＿＿档。观察仪表盘，是否显示＿＿＿＿＿＿＿＿，若显示，将转向盘、座椅、后视镜调到合适位置，将电子换档旋钮旋至＿＿＿＿＿＿＿＿档，松开驻车制动，松开制动踏板，车辆将缓慢向前行驶。踩下加速踏板，车辆将加速向前行驶。踩下制动踏板，将车辆停稳后，将电子换档旋钮旋至＿＿＿＿＿＿＿＿档，松开制动踏板，车辆将向后行驶。

(3) 完成驾乘体验评价表

评价者姓名		联系电话	
职业		驾龄	
业务代表		评估日期	
评估车型		里程	

类 别	评级项目	评估结果			备 注
		非常好	好	一般	
车辆外观	外形尺寸				
	造型美感				
舒适性	乘坐舒适性				
	驾驶座椅舒适性				
	音响效果				
	空调效果				
	轮胎及胎噪				
操纵性	仪表配色及辨识性				
	驾驶方便性				
	转向灵活性				
	视野				
安全性	驾驶安全感				
	ABS 效果				
	倒车雷达				
	安全气囊				
动力性	起步加速				
	中途加速				
经济性	满电续驶里程				
	百公里耗电				
汽车内部感受	汽车内饰				
	工艺水平				
	内饰配色				
	内部空间				
	操纵键可控性				
其他	车门进出方便性				
	玻璃升降方便性				
	天窗				
	E 配备				

四、检查

实验完成后，进行如下检查：

1）检查车辆、工具、设备是否复位：_____。
2）检查场地是否清洁：_____。
3）检查任务工单是否填写完整：_____。

五、评估

1. 请根据自己任务完成的情况，对自己的工作进行自我评估，并提出改进意见。

1）_____
2）_____

2. 工单成绩（总分为自我评价、组长评价和教师评价得分值的平均值）

自我评价	组长评价	教师评价	总分

学习情境 3
混合动力汽车认知

🢂 学习目标

➢ 能通过与客户交流、查阅相关维修技术资料等方式获取车辆信息。
➢ 能叙述混合动力汽车的定义和分类。
➢ 能认知混合动力汽车的组成结构。
➢ 能识别混合动力汽车高压系统部件及线束。
➢ 能了解混合动力汽车的工作模式。
➢ 能了解混合动力汽车与传统汽车的区别。
➢ 能遵守相关法律法规,安全规范地进行混合动力汽车驾乘体验。
➢ 能正确对混合动力汽车触电、火灾等事故进行救助处理。
➢ 能在认知混合动力汽车过程中增强技术报国的信念。

 学习单元 3.1　混合动力汽车组成结构认知

 任务导入

小王是某汽车 4S 店的服务顾问，客户张先生对一款混合动力汽车特别感兴趣，想让小王介绍一下混合动力汽车组成结构。假如你是小王，你能向张先生介绍混合动力汽车的组成结构吗？

 学习目标

1. 能叙述混合动力汽车的定义、分类及驱动系统布置形式。
2. 能认知混合动力汽车的结构与组成。
3. 能叙述丰田普锐斯混合动力系统的工作模式。
4. 能叙述比亚迪混合动力系统的结构及工作模式。
5. 能在感受发动机与电机耦合输出最强动力的同时增强团队协作意识。

 理论知识

3.1.1　混合动力汽车的定义及优点

混合动力汽车是指由两种或两种以上不同类型的动力源联合驱动的车辆，车辆的行驶动力依据车辆行驶状态由单个动力源单独或多个动力源共同提供。混合动力电动汽车（Hybrid Electrical Vehicle，HEV）是指由两种和两种以上不同类型的动力源作驱动能源，其中至少有一种能提供电能的汽车。

通常所说的混合动力汽车一般指的是油电混合动力电动汽车，即燃油（汽油、柴油）和电能的混合，是由电机作为发动机的辅助动力驱动的汽车。油电混合动力系统中的能量转换器为发动机和电机，能量储存系统为油箱和动力电池。本课程讲解的是油电混合动力电动汽车。

混合动力汽车的特点是能够提高燃油经济性和降低排放，主要原因如下：

1）混合动力汽车只需采用能够满足汽车巡航需要的较小发动机，由电能提供汽车加速、爬坡时所需的附加动力，因此提高了发动机的负荷率。

2）可以控制发动机在高效率、低污染的区域内运行，发动机的功率不能满足车辆驱动需求时，由电池来补充；发动机的功率过剩时，剩余功率给电池充电。

3）因为有了电机、电源系统，可以方便地回收汽车制动、下坡时的能量。

4）在车辆频繁起停的繁华市区，可以关闭发动机，由电池单独驱动，从而消除发动机的怠速能耗，并实现零排放。

3.1.2　混合动力汽车的分类

混合动力系统有多种分类方式。依据混合方式不同，混合动力系统可以分为串联、并联和混联三种类型；依据混合度不同，混合动力系统还可以分为弱混合动力、轻度混合动力、中度混合动力、重度混合动力、插电混合动力五类。还有其他分类方法，下面只对上述两种分类进行简要说明。

1. 按混合方式分类

根据混合动力驱动的混合方式，混合动力汽车主要分为串联、并联、混联三类：

（1）串联式混合动力汽车　如图3-1-1所示，串联式混合动力汽车（Series Hybrid Electric Vehicle，SHEV）由发动机、发电机、电机控制器、电机和动力电池组成。发动机带动发电机发电，所产生的电能通过电机控制器提供给电机，再由电机转化为动能后驱动车辆。动力电池对在发电机产生的电能和电机需要的电能之间进行调节，从而保证车辆在各种行驶工况下的功率需求。串联式混合动力汽车的特点是通过电方式实现动力耦合，电机控制器也是动力耦合器。系统中有两个电源，即动力电池和发电机，这两个电源通过电机控制器串联在回路中，动力的流向为串联，所以称为串联式混合动力系统。

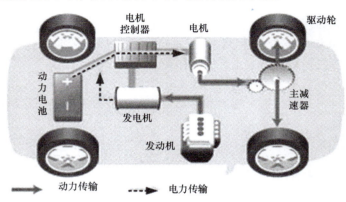

图3-1-1　串联式混合动力汽车

串联式混合动力汽车主要应用于城市公交车，节油率可以达到20%左右。串联式混合动力汽车系统可以实现以下工作模式：

1）纯电驱动模式：发动机关闭，车辆驱动能量完全来自动力电池，该模式主要用于车辆低速行驶和倒车工况。

2）纯发动机驱动模式：车辆驱动能量来自发动机，经发电机、电机控制器、电机进行能量转换后驱动车辆，动力电池既不提供能量也不接收能量，该模式主要用于车辆中速和高速行驶工况。

3）混合驱动模式：车辆驱动能量同时来自发动机和动力电池，发电机发出的电能和电池提供的电能由电机控制器实现耦合，共同输送给电机，该模式主要用于车辆加速和爬坡行驶工况。

4）发动机驱动和电池充电模式：来自发动机的机械能由发电机转化成电能后，由电机控制器分配能量，一部分输送给电机用于驱动车辆，另一部分给动力电池充电，该模式主要用于车辆低负荷行驶且电池SOC较低的工况。

5）回馈制动模式：发动机关闭，电机以发电形式工作，把来自车轮的动能转化为电能，通过电机控制器给动力电池充电，该模式主要用于车辆制动和下坡工况。

6）电池充电模式：电机不接收能量，由发电机把来自发动机的机械能转化为电能，通过电机控制器给动力电池充电，该模式主要用于车辆静止且电池SOC较低的工况。

串联方式的优点：

1）发动机和驱动轮之间没有机械连接，因此发动机可以工作在其速度-转矩图的任何点上。通过车辆的驱动功率需求,可以控制发动机总是工作在最低油耗区;在这个区域内,发动机的效率和排放可以通过特殊设计和控制技术得以进一步提高。

2)由于电机的速度转矩特性非常适合汽车牵引需求,驱动系统可以不再需要多档位的变速器,使得驱动系统结构得以简化;另外,如果在两个驱动轮上各使用一个电机,就可以去掉机械差速器,实现两个车轮间的解耦;还可以实现四个车轮各使用一个电机,这样每个车轮的速度和转矩就可以实现独立控制,从而可以提高车辆的机动性。

3)相比其他的布置方式,由于发动机和驱动轮之间实现了完全的机械解耦,动力总成的控制策略简单。

串联方式缺点:

1)发动机产生的能量经过两次能量转换才到达驱动轮,能量损失多,效率低。

2)发电机的使用增大了车辆质量和成本。

3)由于电机是驱动车辆的动力源,为满足车辆的加速和爬坡性能要求,其尺寸较大。

(2)并联式混合动力汽车 如图3-1-2所示,并联式混合动力汽车(Parallel Hybrid Electric Vehicle,PHEV)由发动机、变速器、电机、电机控制器和动力电池组成,其中电机既作为电动机也作为发电机使用。并联式混合动力系统汽车有两个独立的驱动系统,即传统的发动机驱动系统和电机驱动系统。车辆驱动力由发动机和电机同时或单独供给,也就是说两个动力系统既可以同时协调工作,也可以各自单独工作来驱动汽车。两个动力系统同时工作时,以机械方式实现动力耦合,动力的流向为并联,称为并联式混合动力系统。

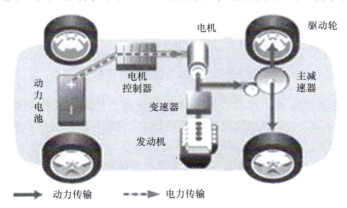

图3-1-2 并联式混合动力汽车

并联式混合动力汽车应用较多,在各种车型上都有应用,其中节油率方面BSG(Belt-driven Starter/Generator 带传动起动/发电一体化电机)技术可以达到5%、ISG(Intergrated Starter/Generator 集成起动/发电一体化电机)技术为15%、并联公交车为25%~30%。在串联方式中提到的各种工作模式在并联结构中都可以实现。

并联方式的优点:

1)发动机的动力可以直接用来驱动车辆,没有能量转换,能量损失小。

2)一个电机既作为电动机也作为发电机使用,且可以采用较小功率的电机,成本低。

并联方式的缺点:

1)发动机和驱动轮间还是机械连接,因此发动机的工作点不可能总处于最佳区域,发动机效率得不到充分发挥。

2）需要搭载变速器，且适合搭载自动变速器。

3）混合度较低，不便于向插电式混合动力过渡。

（3）混联式混合动力汽车　如图3-1-3所示，混联式混合动力汽车（Series/Parallel Hybrid Electric Vehicle）由发动机、动力分配机构、发电机、电机控制器、电机和动力电池组成。发动机的动力经过动力分配器后分成两部分，一部分直接驱动车辆，形成机械传输通道，另一部分带动发电机发电，所产生的电能通过电机控制器提供给电机驱动车辆，形成电力传输通道。通过调整发电机转速，可以控制机械传输通道和电力传输通道的动力分配比例。这个系统具有双重特征，一是电力传输通道和动力电池之间以电方式实现动力耦合，动力的流向为串联，二是机械传输通道和电机之间以机械方式实现动力耦合，动力的流向为并联，称为混联式混合动力系统。

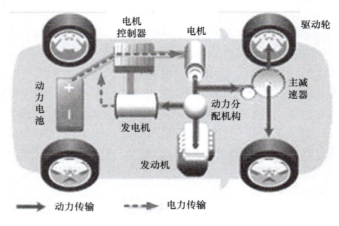

图3-1-3　混联式混合动力汽车

混联式混合动力系统吸收了串联式和并联式的优点，使两者的优势都能够得到发挥，其应用前景看好，在NEDC（欧洲油耗及排放评定标准）循环工况下，节油率可达40%以上。

2. 按混合度分类

在混合动力系统中，根据电机的输出功率在整个系统输出功率中所占比重，可以分为以下五类：弱混合动力（也称微混合动力）、轻度混合动力、中度混合动力、重度混合动力（也称全混合动力，强混合动力）、插电混合动力（Plugin Hybrid）。混合度不同，功能要求也有差别，见表3-1-1。混合度指的是电系统功率P_{elec}占动力源总功率P_{total}的百分比，即

$$H = \frac{P_{elec}}{P_{total}} \times 100\% \qquad (3\text{-}1\text{-}1)$$

表3-1-1　不同混合度类型及功能列表

类　型	功　能　要　求
微混	发动机自动起停
轻混	发动机自动起停 + 回馈制动
中混	发动机自动起停 + 回馈制动 + 电动辅助
全混	发动机自动起停 + 回馈制动 + 电动辅助 + 纯电驱动
Plug-in	发动机自动起停 + 回馈制动 + 电动辅助 + 纯电驱动 + 电网充电

(1) 微混合动力系统　这种混合动力系统对传统发动机的起动机进行了改造，形成由带传动的发电起动一体式电机（Belt driven Starter Generator，BSG）。该电机用来控制发动机快速起停，因此可以取消发动机的怠速过程，降低了油耗和排放。微混系统搭载的电机功率比较小，仅靠电机无法使车辆起步，起步过程仍需要发动机介入，是一种初级的混合动力系统。在微混合动力系统里，电机的电压通常有两种：12V 和 42V，其中 42V 主要用于柴油混合动力系统。在城市循环工况下节油率一般在 5%~10%。

(2) 轻混合动力系统　该混合动力系统采用了集成起动电机（Integrated Starter Generator，ISG）。与微混合动力系统相比，轻混合动力系统除了能够实现用电机控制发动机的起停外，还能够在车辆制动和下坡工况下，实现对部分能量进行回收；在行驶过程中，发动机的动力可以在车轮的驱动需求和发电机发电需求之间进行调节。轻混合动力系统的混合度一般在 20% 以下，代表车型是通用的混合动力皮卡车。

(3) 中混合动力系统　该混合动力系统同样采用了 ISG 系统。与轻度混合动力系统不同之处，在于中混合动力系统采用的是高压电机，在汽车加速或者大负荷工况时，电机能够辅助发动机驱动车辆，补充发动机本身动力输出的不足，提高整车性能。这种系统的混合程度较高，可以达到 30% 左右，在城市循环工况下节油率可以达到 20%~30%，目前技术比较成熟，应用广泛。本田旗下的 Insight、Accord 和 Civic 混合动力车都属于这类系统。

(4) 重度混合动力系统　重度混合动力系统采用了 272~650V 的高压电机，混合度可以达到 50% 以上，在城市循环工况下节油率可以达到 30%~50%。其特点是动力系统以发动机为基础动力，动力电池为辅助动力。采用的电动机功率更为强大，完全可以满足车辆在起步和低速时的动力要求。因此，重度混合车型无论是在起步还是低速行驶状态下都不需要起动发动机，依靠电机可以完全胜任，在低速时就像一款纯电动车。在急加速和爬坡运行工况下车辆需要较大的驱动力时，电机和发动机同时对车辆提供动力。随着电机、电池技术的进步，重度混合动力系统逐渐成为混合动力技术的主要发展方向。丰田 Prius 混合动力属于重度混合动力系统。

(5) 插电式混合动力系统　插电式混合动力汽车（Plug-in Hybrid Electric Vehicle，PHEV）是可以利用电网对动力电池充电的混合动力汽车，可以使用纯电模式驱动车辆行驶，且纯电动行驶里程较长；电能不足时，车辆仍然可以重度混合模式行驶。一般插电式混合动力轿车都有车载充电机，可以使用家用电源为电池充电，而插电式混合动力公交车由于行驶路线固定，通常利用外接充电机充电。插电式混合动力系统的电机功率比纯电动汽车用的电机稍小，动力电池的容量介于重混系统和纯电动车辆之间。由于具有利用夜间用电低谷对动力电池充电，降低排放等优势，插电式混合动力汽车已成为主流发展方向之一。

3.1.3　混合动力汽车关键技术

对于混合动力汽车，动力耦合及控制系统、电机及控制系统、动力电池及管理系统是三项最为关键核心技术。

1. 动力耦合系统

动力耦合系统是将发动机和电机的动力输出统一起来，体现混合动力汽车的优越性。动力耦合系统最关键的技术是布置方案，不同结构的动力耦合方式不仅决定了混合动力系统的工作模式，而且也是制订动力分配策略的基础，它对整车的动力性、经济性、排放性和制造成本都有重大影响。目前，采用的动力耦合方式有转矩耦合、速度耦合和功率耦合三种方式，以功率耦合方式为主要发展方向。在具体结构方面，由变速器耦合、离合器耦合、主减速器耦合等向行星齿轮耦合方向发展。

2. 动力总成控制系统

动力总成控制系统是混合动力汽车行驶的核心单元。混合动力汽车的控制需要根据驾驶人操纵状态、车速、电池荷电状态和相关设备的状态确定发动机与电机的功率分配策略，以保证满足汽车动力性、经济性、排放性等性能指标要求。混合动力汽车发动机和电机要相互配合工作，并根据运行工况适时控制发动机起动和关闭，这使得发动机始终工作在低油耗区的整个控制过程十分复杂，因此需要用成熟可靠的动力耦合装置以及先进的控制策略实现功率的合理分配，以达到油耗低和动力性好的目标。

3. 电机及控制系统

用于混合动力汽车的驱动电机类型主要有交流感应电机、永磁同步电机和开关磁阻电机。对电机的要求包括在较宽的速度范围内具有高转矩密度、高功率密度、高效率、高可靠性、良好的控制性能，能够适应发动机频繁起停和电动发电状态的切换。电机控制系统也很关键，既要保证电机能够输出大转矩以适应汽车加速和爬坡时的驱动力需求，又要保证电机能够满足最高车速需要，同时也要保证系统在电机运行范围内的效率最优化。

4. 动力电池及其管理系统

混合动力系统的动力电池需要频繁充放电，在充放电过程中，电压、电流会有较大变化。针对这种使用特点，混合动力系统对动力电池有如下特别要求：一是具有大功率充放电能力和较高的比功率，以满足汽车加速和爬坡时的大功率需求，同时电池还要具有快速充电能力，以保证制动时的大功率能量回收需要；二是充放电效率，高的充放电效率对保证整车效率具有至关重要的作用；三是电池在快速充放电的工况条件下保持性能的相对稳定。此外，还必须对热能进行控制管理、荷电状态判定、适当的充放电模式选择、电池均衡充放电、防止电池过充电或过放电、平衡电池组的工作温度，这些都是电池管理系统的任务。整车能量管理策略的实施要依赖电池管理系统对电池状态的判别和对电池性能的维护。

3.1.4 典型混合动力汽车的组成结构

1. 丰田混合动力汽车

丰田公司于1997年开始销售普锐斯（Prius）混合动力汽车，它是世界上第一款大批量生产的商业用途的混合动力车型，如图3-1-4所示。丰田普锐斯混合动力系统由汽油发动机和电动机组成，采用丰田汽车公司自行开发的 THS（Toyota Hybrid System）混合动力系统。THS 的核心是用行星齿轮组组成的动力耦合器，用于协调发动机和电机的运动和动力传递。

图3-1-4 丰田普锐斯车型

2. 丰田普锐斯主要技术特点

在丰田普锐斯混合动力汽车中应用了大量先进技术，如采用线控（by-wire）技术、全电动空调等。

（1）阿特金森（Atkinson）循环发动机　由于传统的奥托（OTTO）循环发动机存在部

分负荷燃油消耗率高、泵气损失、小膨胀比以及过浓的混合气等不利于节能的缺点，因此，已经不能满足混合动力汽车的要求，需要研发与混合动力汽车相匹配的发动机。

丰田普锐斯汽车采用1.5L汽油机，最大输出功率为57kW。工作循环为具有高膨胀比的Atkinson循环，从而提高了发动机效率。Atkinson循环发动机是在传统OTTO循环发动机的基础上多了一个回流过程，包括进气、回流、压缩、膨胀和排气5个过程。在Atkinson循环中，将进气门开启的时间延长到压缩行程开始之后，使气缸中一部分混合气在活塞开始上升时被压回到进气管中，也就是延迟了实际压缩行程开始的时间，其结果是在没有提高实际的压缩比的情况下，却提高了膨胀比，提高了发动机的能量转换效率。另外，进气门晚关使实际压缩比降低，所以缸内燃烧温度降低，有利于改善NO_x排放。Atkinson循环发动机剖视图如图3-1-5所示。

（2）线控技术　线控（by-wire）技术起源于航空工业，意思是某些操纵机构采用电子控制、电动执行，用来取代机械或液力控制。具有响应快、重量轻、占地小的特点。在普锐斯混合动力汽车上，节气门、制动、变速杆、牵引力控制和车辆稳定性控制（VSC+）都采用了线控技术，提高了操纵性。

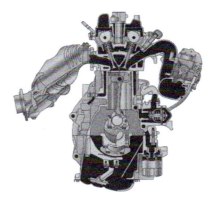

图3-1-5　Atkinson循环发动机剖视图

（3）电控无级变速器　普锐斯混合动力汽车实际上没有真正意义上的无级变速器（CVT），但普锐斯的变速理论与无级变速器的变速理论相同。普锐斯混合动力汽车的动力分配装置如图3-1-6所示，将发动机和电机的力矩分配给驱动轮或发电机，通过选择性控制动力源（驱动电机、发动机和发电机）的转速，模拟变速器传动比的连续变化，工作起来像普通的无级变速器一样。

（4）电动牵引力控制　如果防滑控制单元（ECU）检测到车轮打滑时，会立即切断电机传到车轮的驱动力矩，而传统牵引力控制系统是切断来自发动机的动力。此外，电控制动系统可采取制动。普锐斯混合动力汽车是世界上第一辆采用电机施力的牵引力控制系统，各组成部件之间信息传递快，有效地提高了整车的主动安全性。

（5）电子变速杆　电子变速杆安装在仪表盘上，比传统的变速杆使用起来更加方便、灵活，甚至可以用指尖点动。变速杆每次动作后，总是回到原来位置，变速杆有照明灯，方便夜间使用，变速杆有四个位置：N位（空档）、D位（驱动）、R位（倒档）、B位（发动机制动）。驻车开关安装在变速杆的上方，与传统自动变速器手柄处于P位的作用相同，如图3-1-7所示。

（6）电子控制制动系统　普锐斯混合动力汽车采用独特的电子控制制动系统如图3-1-8所示。踩动制动踏板会触动停车的控制电路，电控制动系统（ECB）迅速做出响应，可与其他主动安全系统（如VSC+）互相配合。ECB也用于提高再生制动系统的效率，将车辆制动时的动能回收。ECB具有备用电源，以防备车辆电源系统发生故障。

（7）用户定制车身电器系统　普锐斯混合动力汽车支持用户根据自己的喜好定制42种不同的参数，定制工作可由经销商按客户要求完成，定制的项目有门锁遥控器、门锁、防盗系统、智能门控灯系统、空调和智能钥匙等。

（8）智能驻车辅助系统　普锐斯混合动力汽车拥有功能强大的智能驻车辅助系统，能

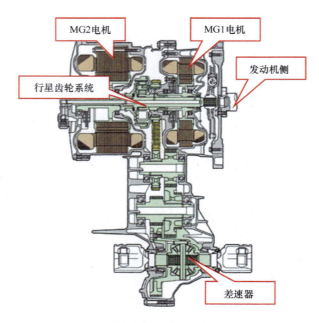

a) 普锐斯变速驱动桥结构图

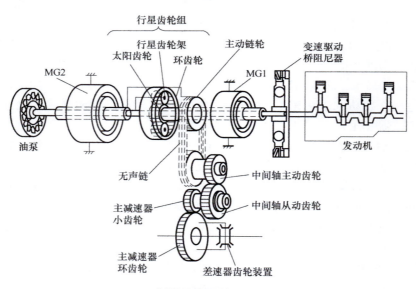

b) 普锐斯变速驱动桥原理图

图 3-1-6　普锐斯混合动力变速驱动桥

够按照预定的路线驻车在指定的地方，既可并排驻车，又可前后排驻车。

（9）全电动空调系统　传统空调系统的压缩机由发动机通过传动带驱动，而普锐斯混合动力汽车的空调压缩机由空调变频器驱动，普锐斯混合动力汽车空调系统不依靠发动机的运转，有下列优点：

1）即使在发动机熄火时，汽车空调也能发挥最大效率。

2）空调系统与发动机的运转各自独立，空调的运转不降低汽车的行驶性能。

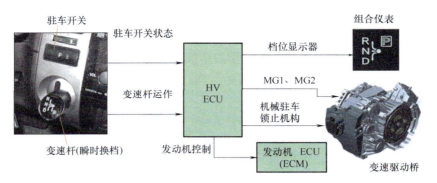

图 3-1-7　普锐斯电子变速杆

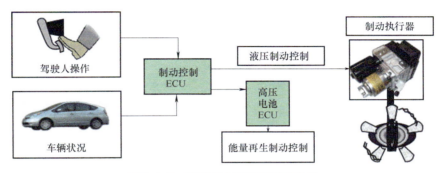

图 3-1-8　普锐斯电子控制制动系统

3）电动水泵可以在发电机熄火时向加热器供热。

普锐斯混合动力汽车的电动压缩机采用紧凑型、高性能涡管式压缩机如图 3-1-9 所示，比传统的压缩机小 40%，轻 50%，可将压缩机直接安装到发动机上。

图 3-1-9　普锐斯全电动空调系统

丰田普锐斯还应用了蓝牙免提电话系统、LED 停车灯、智能钥匙与起动系统、坡道起步辅助控制及增强型车辆稳定控制系统（VSC+），这里不再一一介绍。

3. 丰田普锐斯混合动力汽车的组成结构

下面以第二代普锐斯混合动力系统为例，介绍混合动力汽车的组成结构。Prius Ⅱ 动力系统采用 1.5L 阿特金森循环发动机，最高输出功率 57kW，两个电动机分别是 MG1 和 MG2，驱动电压 500V，MG2 最高输出功率 50kW，动力耦合系统（电动传动桥）采用行星齿轮耦合系统，系统最大输出功率可达82kW；动力电池单元采用镍氢电池，电压为201.6V；变频器总成集成了增压转换器、变频器（电机控制器）、DC/DC转换器、空调变频器，其主要部件布置如图3-1-10所示。丰田普锐斯混合动力系统组成如图3-1-11所示。

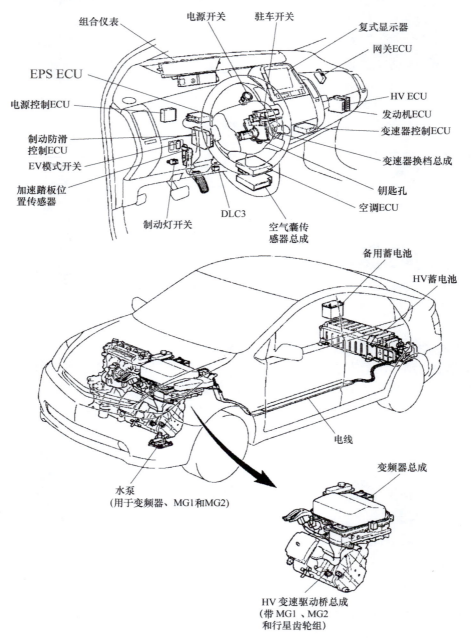

图3-1-10 丰田普锐斯混合动力汽车主要部件位置

（1）HV变速驱动桥 丰田普锐斯混合动力车辆（HV）变速驱动桥由发电机（MG1）、电机（MG2）和行星齿轮组组成。

1）发电机（MG1）通过发动机带动其旋转产生高压电，以驱动电动机（MG2）或为

HV 蓄电池充电。同时，它还可以作为起动机起动发动机。

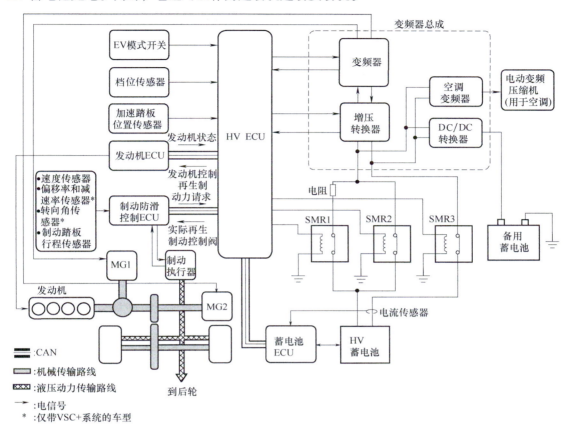

图 3-1-11　丰田普锐斯混合动力系统组成

2）电机（MG2）由发电机（MG1）或 HV 蓄电池的电能驱动，产生动力，驱动车辆行驶。制动期间或制动踏板未被踩下时，它产生电能为 HV 蓄电池再次充电（再生制动控制）。

3）行星齿轮组通过组合，以最佳的比例分配发动机驱动力来直接驱动车辆和发电机。

（2）HV 蓄电池　在起步、加速和上坡时，将电能提供给电动/发电机。

（3）变频器总成　变频器总成包括增压转换器、变频器（电机控制器）、DC/DC 转换器和空调变频器。

1）增压转换器将 HV 蓄电池的最高电压从 DC 201.6V 升压到 DC 500V，反之亦然（从 DC 500V 降压 DC 201.6V）。

2）变频器（电机控制器）用于将 HV 蓄电池的高压直流电（DC）转换为交流电（AC）驱动发电机（MG1）和电机（MG2）。反之，将发电机的交流电转换为高压直流电给 HV 蓄电池充电。

3）DC/DC 转换器将最高电压从 DC 201.6V 降压转换为 DC 12V，为车身电气组件供电以及为备用蓄电池再次充电（DC 12V）。

4）空调变频器将 HV 蓄电池的额定电压 DC 201.6V 转换为 AC 201.6V，为空调系统中的电动变频压缩机供电。

135

(4) HV ECU HV ECU 接收每个传感器及 ECU（发动机 ECU、蓄电池 ECU、制动防滑控制 ECU 和 EPSECU）的信息进行处理，根据这些信息计算所需的转矩和输出功率，并将计算结果发送给发动机 ECU、变频器总成、蓄电池 ECU 和制动防滑控制 ECU。

(5) 发动机 ECU 发动机 ECU 根据接收来自 HV ECU 的发动机目标转速和所需的发动机动力信息，起动 ETCS-i（智能电子节气门控制系统）。

(6) 蓄电池 ECU 蓄电池 ECU 监控 HV 蓄电池的充放电状态。

(7) 制动防滑控制 ECU 制动防滑控制 ECU 控制电动/发电机产生的再生制动并控制液压制动，使总制动力等于仅配备液压制动的传统车辆。同样，制动防滑控制 ECU 照常进行制动系统控制（带 EBD 的 ABS，制动辅助和 VSC +）。

(8) 加速踏板位置传感器 加速踏板位置传感器将加速踏板角度转换为电信号并输出到 HV ECU。

(9) 档位传感器 档位传感器将档位转换为电信号并输出到 HV ECU。

(10) SMR（系统主继电器） SMR（系统主继电器）根据 HV ECU 的信号连接或断开蓄电池和变频器总成间的高压电路。

(11) 互锁开关（用于变频器盖和检修塞） 互锁开关确认变频器盖和检修塞均已安装到位。

(12) 断路器传感器 断路器传感器如果检测到车辆发生碰撞，立即切断高压电路。

(13) 检修塞 在检查或维修车辆时，要拆下此塞，以关闭 HV 蓄电池高压电路。

3.1.5 丰田混合动力汽车的工作模式

根据工况的需要，油动力和电动力的混合使用，功率占有比例各异，尽力达到优势互补，油电动力，合理搭配，两个电机 MG1 和 MG2 与行星排配合，交替工作，驱动和发电不间断，收支平衡，达到动力性、经济性、净化性。丰田普锐斯混合动力变速驱动桥结构示意如图 3-1-12 所示，发动机输出轴与行星架相连，MG1 与太阳轮相连，MG2 与齿圈相连。

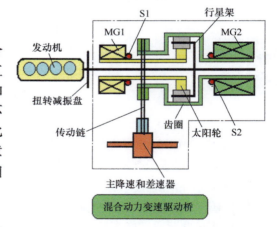

图 3-1-12 丰田普锐斯混合动力变速驱动桥结构示意

1. 发动机起动和热机

该模式下，电机 MG1 通电运转，带动太阳轮转动，因行星排的齿圈为制动状态，行星架被驱动运转，而使发动机起动工作，如图 3-1-13 所示。发动机起动后需短暂热机，行星架又反过来驱动电机 MG1 发电，给 HV 蓄电池充电。

2. 发动机不工作，由电机 MG2 驱动车轮

该模式下，MG1 变为发电机，向 MG2 供电，并向 HV 蓄电池充电。多在汽车起步时、平路或等速行驶时使用，此工况使用时间占有率较多，发挥电机优势，实现零油耗、零排放。此时，行星架为制动状态，MG2 通过齿圈驱动车轮，为中速档行驶状态，同时驱动太阳轮高速旋转，使 MG1 快速发电补偿，如图 3-1-14 所示。

3. 发动机和 MG2 同时驱动车轮

该模式下，MG1 通过行星排驱动发电，给 MG2 供电，并给 HV 蓄电池充电。多在汽车

加速、上坡、坏路、大负荷时使用，此工况使用时间占有率较少。此时，发动机通过行星架驱动齿圈，MG2 也同时驱动齿圈，为"双动力源"，如图 3-1-15 所示。

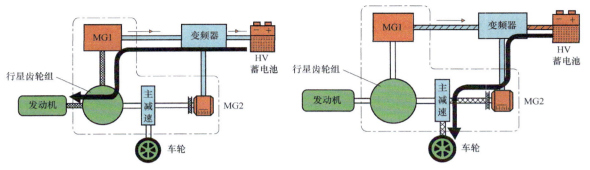

图 3-1-13　发动机起动和热机　　　　　　　图 3-1-14　MG2 电机驱动车轮

4. 发动机单独驱动车轮，并通过行星架高速驱动 MG1 给 HV 蓄电池快速充电

该模式多在 HV 蓄电池亏电时，自动转换使用。此时，MG1 快速旋转发电补亏，MG2 断电，成为应急动力源，如图 3-1-16 所示。

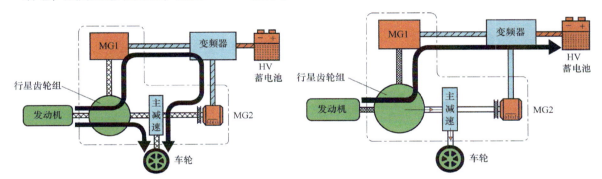

图 3-1-15　发动机和 MG2 同时驱动车轮　　　　图 3-1-16　发动机驱动并发电

5. 再生制动发电

该模式多在减速或制动时、下坡滑行时，发动机停止工作，并自动关闭电动力源，利用汽车的动能反拖，回收电能量，MG2 变为发电机，产生大电能，向 HV 蓄电池快速充电，如图 3-1-17 所示。

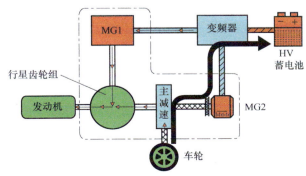

图 3-1-17　再生制动发电

因为它是"无离合器传动系统",反拖时发动机不能投入制动。为了加大制动效果,变速手柄设有"B位"开关,下长坡滑行时使用,导通后给 MG1 通电,通过太阳轮,反拖发动机转动,利用发动机的压缩阻力,提高制动效果。

由于普锐斯混合动力系统具有多种工作模式,可以使发动机的动力系统在最佳的工况下工作,能够更有效地应用来自汽油的能量,另外,在减速和制动过程中,能够将再生能量存储到 HV 蓄电池中。普锐斯与传统车型对比见表 3-1-2,说明了普锐斯混合动力汽车节能的原因。

表 3-1-2　普锐斯与传统车型对比

车辆类型	急速时	低负荷时	正常行驶时	大负荷时	减速时	停车时
传统车型（发动机、变速器）	发动机运转,消耗燃油,排放尾气	发动机运转,消耗燃油,排放尾气	发动机运转、工况变化频繁,消耗燃油增多,排放尾气恶化,升功率不稳定	发动机运转、大油门,消耗燃油增多,排放尾气恶化,升功率下降	发动机运转,消耗燃油,排放尾气	发动机运转,消耗燃油,排放尾气
普锐斯混合动力（发动机、电动式传动桥、变频转换器、HV蓄电池）	发动机停机,不消耗燃油,不排放尾气	发动机停机,不消耗燃油,不排放尾气	发动机最佳工况下运转、同时给蓄电池充电,燃油消耗稳定,尾气得以改善,储备剩余能量	发动机最佳工况下运转、蓄电池同时供电,燃油消耗稳定,尾气未恶化,动力输出充足	发动机停机、蓄电池充电,不消耗燃油,存储能量	发动机停机,不消耗燃油

3.1.6　插电式混合动力系统介绍

插电式混合动力汽车可以利用电网对动力电池进行充电,可以使用纯电模式驱动车辆行驶,且纯电动行驶里程较长;电能不足时,车辆仍然可以重度混合模式行驶。

在国产自主品牌的混合动力车型中,比亚迪的插电式混合动力车型具有代表性。由于丰田发展混合动力汽车很早,发展出了一套采用行星齿轮动力分配机构的混合动力模式。这套模式包含两个电机、一个发动机,一个行星齿轮动力分配机构,而核心是这个行星齿轮动力分配机构,可以巧妙地让三者构成并联(发动机和电机一起驱动车辆)或者串联模式(发动机发电,一个电机充当发电机,另外一个充当电动机驱动车辆)。

比亚迪插电式混合动力汽车 F3DM 的 DM 指的是双模(Dual Mode),即纯电动模式和混合动力模式。F3DM 没有动力分配机构,只有简单的几个离合器,两个电机和 1.0L 的发动机在一个轴上,这个轴通过减速器直接驱动车轮,DM Ⅰ代结构如图 3-1-18 所示。

需要全功率并联,发动机与两个电机锁定结合,一起驱动车辆;需要串联,发动机和一个电机锁定组成发电机,另外一个电机和车轮锁定,变成纯电力驱动。这同样可以达到串联、并联结合的目的。比亚迪 F3DM 有四种工作模式:

1. 纯电动驱动模式

该模式下,仅靠电机 M2 驱动,不会产生燃油消耗,如图 3-1-19 所示。

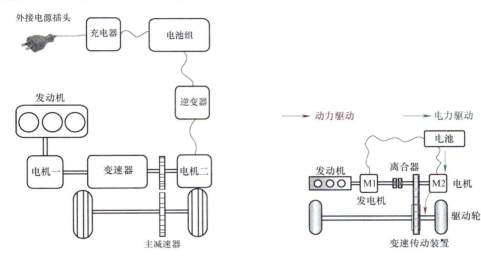

图 3-1-18　DM I 混动结构　　　　　图 3-1-19　F3DM 纯电动模式

2. 混合驱动模式

该模式相当于串联工作模式,发动机起动,带动电机 M1 发电,对电池组进行充电,车辆仍有电机 M2 驱动,仅靠电机 M2 驱动,有适当的燃油消耗,如图 3-1-20 所示。

3. 加速模式

在需要较高动力输出的加速模式下,发动机起动,离合器吸合,与电机 M2 一起驱动车辆,提供更高的输出功率,如图 3-1-21 所示。

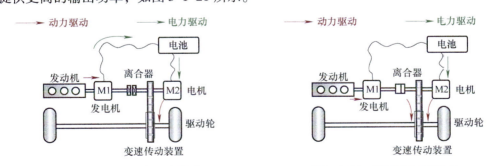

图 3-1-20　F3DM 混合驱动模式　　　　　图 3-1-21　F3DM 加速模式

4. 减速模式

该模式下,电动机 M2 作为发电机使用,将损耗的动能转化为电能储存在动力电池组中,尤其适用于频繁加、减速的市区行驶,如图 3-1-22 所示。

比亚迪·秦在 F3DM 的基础上又做了改进,把两个小电机,变成一个大电机,没有串联模式,不追求油电模式下的省油,转而追求高性能。在发动机和电机之间,不再是简单的离合器，而是加上了比亚迪自己的双离合变速器，形成了 DMⅡ代混合动力系统。这样就解决了比亚迪 F3DM 发动机噪声大舒适性差的弱点，同时还有非常好的性能。比亚迪·秦 DMⅡ代结构简图如图 3-1-23 所示。

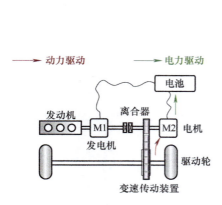

图 3-1-22　F3DM 减速模式

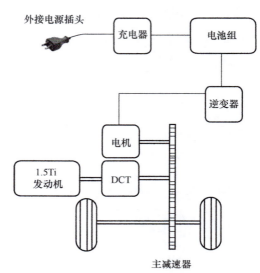

图 3-1-23　比亚迪 DMⅡ代混合动力结构简图

3.1.7　第三代普锐斯混合动力系统

丰田 Prius 的动力总成在国外已经发展到第四代，国内的普锐斯目前是第三代车型。Prius Ⅰ、Prius Ⅱ、Prius Ⅲ这三代之间除了外形方面的差别外，最主要的差别在于系统中动力组件的不断改进。Prius Ⅱ的动力组件与 Prius Ⅰ系统的相比，最大的差别在于其采用了升压逆变器和发电机最高转速的提高。Prius Ⅲ系统的特征主要为双电机、高压镍氢电池、动力分配机构、升压变压器（650V）、1.8L 高膨胀比循环发动机、冷却 EGR、加热管理系统、带减速机构的高速电机。在这些特征中的前四个方面与 Prius Ⅱ基本相同（除了升压器电压不同），后三个方面则是新增内容，总成进一步小型化和高效化，提高了燃油经济性。另外，Prius Ⅲ的动力控制单元 PCU（变流器 + 升压逆变器 + DC/DC 逆变器）和变速驱动桥（两个电机 + 动力分配机构 + 减速机构）的体积缩小，重量减轻，实现了高效率。Prius Ⅱ和 Prius Ⅲ动力系统参数对比见表 3-1-3。

表 3-1-3　Prius 动力控制单元参数对比

组　　成		PriusⅢ	PriusⅡ
发动机	排气量/L	1.8	1.5
	最高输出/kW	73	57
	最大转矩/N·m	142	115

（续）

组　成		PriusⅢ	PriusⅡ
电机	最高输出/kW	60	50
	最大转矩/N·m	207	400
	最高转速/(r/min)	13900	6400
	最高电压/V	650	500
	齿轮减速比	2.636	无减速
电池	类型	镍氢	镍氢
	最高输出/kW	27	25
系统	最高输出/kW	100	82

另外，PriusⅢ通过动力分配机构和电机减速齿轮的一体化、取代驱动传递链条，进一步实现了传动系的小型化和轻量化，如图3-1-24所示。

图3-1-24　Prius动力传动机构对比图（左为PriusⅡ，右为PriusⅢ）

3.1.8　比亚迪两代双模技术的对比

比亚迪的DMⅡ代混合动力系统是在DMⅠ代技术（搭载于F3DM）基础上进行了一系列技术优化改进。DMⅡ代将系统的电压由原先的330V提升到500V，提升电压的作用是减小电流，从而提升电驱系统的效率。采用更高效的1.5TDI总成、高转速电机、集成式电机控制器、更安全的铁电池技术等实现了更好的经济性与动力性，这套系统首先搭载于比亚迪·秦。DMⅡ代动力系统仍采用并联方式，所不同的是DMⅡ代变双电机为单电机，1.5Ti发动机取代了原来的1.0L自然吸气发动机，6速双离合变速器速比更加宽泛，使得动力系统更容易在高效节能的区间工作。另外，DMⅡ代还是用了轻量化的驱动电机。整体结构紧凑，空间尺寸相比于同参数电机减小了50%，电子转子质量只有28kg，电机功率质量比可达到3.9kW/kg。两代双模技术的对比见表3-1-4。

表3-1-4　比亚迪两代双模技术的对比

项　目	DMⅠ	DMⅡ
整体电压	330V	500V
发动机	1.0L自然吸气发动机	1.5TI涡轮增压+缸内直喷发动机

(续)

项　目	DM I	DM II
发动机最大功率	50kW	113kW
驱动电机转速	6000r/min	12000r/min
驱动电机最大功率	75kW	110kW
变速器	自动变速器（CVT无级变速）	六速双离合自动变速器
混合动力最大功率	125kW	223kW
纯电动模式下续驶里程	60km	50km
电池能量	16kW·h	10kW·h

 实践技能

3.1.9　混合动力汽车结构认知

下面以第三代丰田普锐斯混合动力汽车为例，说明混合动力汽车主要结构部件。

1. 车辆准备

准备普锐斯混合动力汽车1辆，如图3-1-25所示。

2. 实践操作

（1）找到发动机　丰田普锐斯是一款非插电式混合动力汽车，第三代丰田普锐斯搭载全新开发的1.8L"阿特金森"循环发动机，输出功率最大73kW，油耗相比第2代的4.7L/100km更进一步降低至4.3L/100km。代号为5ZR的发动机安装在前机舱内，如图3-1-26所示。

图3-1-25　第三代丰田普锐斯

图3-1-26　第三代普锐斯5ZR发动机

（2）找到变速驱动桥　丰田混合动力系统通过变速驱动桥分配发动机及MG2的驱动力，可进行顺畅的起步、加速，减速时MG2作为再生制动而工作，给HV蓄电池充电。代号为P410的变速驱动桥，如图3-1-27a所示，变速驱动桥内部的两个电机如图3-1-27b所示。

（3）找到变频器总成　普锐斯变频器总成（PCU）安装在前机舱内，第三代PCU实现了体积减小37%、质量减轻36%的小型轻量化电动控制单元。PCU的作用是进行电机的控制、电源管理、增压，PCU安装位置及内部结构如图3-1-28a所示。动力电池、变频器总成、变速驱动桥三者的电气连接关系如图3-1-28b所示。发动机、变速驱动桥、PCU三者的位置关系如图3-1-28c所示。

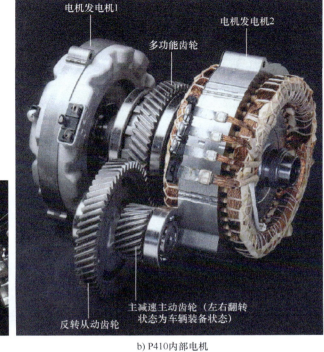

a) P410变速驱动桥　　　　b) P410内部电机

图 3-1-27　第三代普锐斯 P410 驱动桥

a) 变频器总成内部结构

图 3-1-28　第三代普锐斯变频器总成

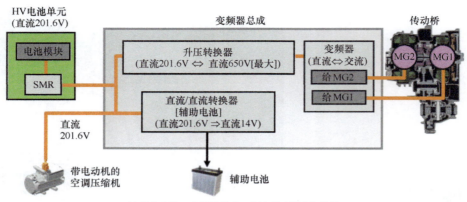

b) 动力电池、变频器总成、变速驱动桥电气连接

c) 发动机、变速驱动桥及变频器

图 3-1-28 第三代普锐斯变频器总成（续）

（4）找到 HV 电池　HV 电池位于行李箱内后排座位下，如图 3-1-29 所示。第三代普锐斯采用的是镍氢蓄电池，其特点是瞬间大量电力输出和快速充电。HV 电池基本单位是 6 个 1.2V 电池组成的电池盒。28 个电池盒串联在一起，一共 168 个电池单元组成了 201.6V 的电压。该电池采用风冷方式冷却。

（5）找到低压辅助电池　第三代普锐斯密封型辅助电池位于行李箱内，如图 3-1-30 所示。在对该车辆进行维修时，需要断开低压辅助蓄电池的负极。前机舱内的跨接起动连接位置如图 3-1-31 所示。

（6）找到混合动力系统冷却液　第三代普锐斯发动机所需冷却液和 HV 系统所需冷却液储存在不同的储液罐内，如图 3-1-32 所示。

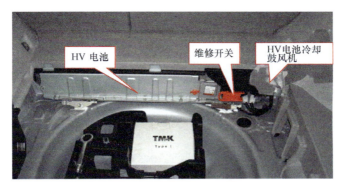

图 3-1-29 第三代普锐斯 HV 电池

图 3-1-30 第三代普锐斯低压辅助电池

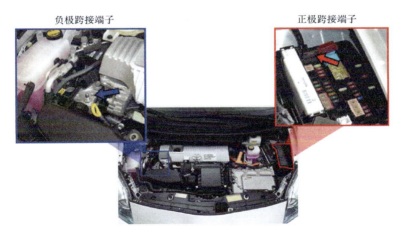

图 3-1-31 第三代普锐斯跨接起动连接位置

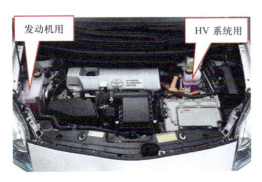

图 3-1-32 第三代普锐斯混合动力系统冷却液

（7）找到混合动力系统工作模式选择按钮　第三代普锐斯提供 EV、ECO 和 PWR 三种工作模式，分别代表纯电动、节能和动力驾驶模式，选择按钮如图 3-1-33 所示。

图 3-1-33　第三代普锐斯混合动力系统工作模式选择按钮

1. 混合动力电动汽车（Hybrid Electrical Vehicle，HEV）是指由两种和两种以上不同类型的动力源作驱动能源，其中至少有一种能提供电能的汽车。

2. 插电式混合动力汽车（Plug-in Hybrid Electric Vehicle，PHEV）是可以利用电网对动力电池充电的混合动力汽车，可以使用纯电模式驱动车辆行驶，且纯电动行驶里程较长；电能不足时，车辆仍然可以重度混合模式行驶。

3. 丰田普锐斯混合动力系统由汽油发动机和电机组成，采用丰田汽车公司自行开发的 THS（Toyota Hybird System）混合动力系统。THS 的核心是用行星齿轮组组成的动力耦合器，用于协调发动机和电机的运动和动力传递。

任务工单 3.1

任务名称	3.1 混合动力汽车组成结构认知		学时	4	班级	
学生姓名			学生学号		任务成绩	
实训设备	丰田普锐斯混合动力汽车 2 辆、高压零部件展示柜 2 套、XK-XNY-ZHSX1 型新能源汽车工作模式实训台 1 台、举升机 4 台、绝缘工具 4 套、车间安全防护用具 4 套、带锁储物箱 4 个、个人防护用具 4 套、检测仪器（万用表、绝缘电阻等）2 套。		实训场地	新能源汽车理实一体化教室	日期	
任务描述	小王是某汽车 4S 店的服务顾问，客户张先生对一款混合动力汽车特别感兴趣，想让小王介绍一下混合动力汽车组成结构。假如你是小王，你能向张先生介绍混合动力汽车的组成结构吗？					
任务目的	以行动为导向，引导学生制订计划，认知混合动力汽车的组成结构。在此过程中学习相关理论知识和实践操作技能。					

一、资讯

1. 混合动力电动汽车（Hybrid Electrical Vehicle，_____）是指由两种和两种以上不同类型的动力源作驱动能源，其中至少有一种能提供_____的汽车。

2. 根据混合动力驱动的混合方式，混合动力汽车主要分为_____、_____、_____三类。

3. 串联式混合动力系统由_____、_____、_____、_____和_____组成。发动机带动发电机发电，所产生的电能通过电机控制器提供给电机，再由电机转化为动能后驱动车辆。

4. 并联式混合动力系统汽车有两个独立的驱动系统，即传统的_____系统和_____驱动系统。车辆驱动力由发动机和电机同时或单独供给，也就是说两个动力系统既可以同时协调工作，也可以各自单独工作来驱动汽车。

5. 丰田普锐斯混合动力系统由_____和_____组成，采用丰田汽车公司自行开发的 THS（Toyota Hybird System）混合动力系统。THS 的核心是用_____组成的动力耦合器，用于协调发动机和电机的运动和动力传递。

二、计划与决策

请根据任务要求，确定所需要的检测仪器、工具，并对小组成员进行合理分工，制订详细的认知混合动力汽车组成结构的工作计划。

1. 需要的资料及用具

2. 小组成员分工

3. 工作计划

三、实施

1. 车辆准备

准备普锐斯混合动力汽车 1 辆。

2. 实践操作

（1）找到发动机

丰田普锐斯是一款_____式混合动力汽车，第三代丰田普锐斯搭载全新开发的 1.8L _____循环发动机，输出功率最大 73kW，油耗相比第 2 代的 4.7L/100km 更进一步降低至 4.3L/100km。代号为 5ZR 的发动机安装在_____。

147

(2) 找到变速驱动桥

丰田混合动力系统通过变速驱动桥分配_____及_____的驱动力,可进行顺畅的起步、加速,减速时 MG2 作为再生制动而工作,给 HV 蓄电池充电。变速驱动桥内部的两个电机,体积较大的是_____,体积较小是_____。

(3) 找到变频器总成

普锐斯变频器总成(PCU)安装在_____,PCU 的作用是进行_____的控制、_____管理、_____。

(4) 找到 HV 电池

HV 电池位于_____。第三代普锐斯采用的是_____蓄电池。HV 电池基本单位是 6 个 1.2V 电池组成的电池盒。28 个电池盒串联在一起,一共 168 个电池单元组成了_____V 的电压。该电池采用_____方式冷却。

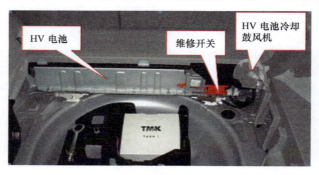

(5) 找到低压辅助电池

第三代普锐斯密封型辅助电池位于_____。在对该车辆进行维修时,需要_____低压辅助蓄电池的负极。跨接起动连接位置在_____。

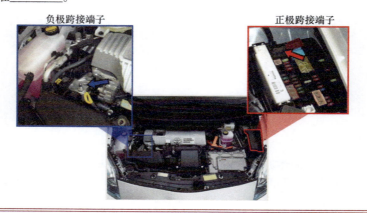

(6) 找到混合动力系统冷却液

第三代普锐斯发动机所需冷却液和 HV 系统所需冷却液储存在不同的储液罐内。

(7) 找到混合动力系统工作模式选择按钮

第三代普锐斯提供_____、_____和_____三种工作模式，分别代表纯电动、节能和动力驾驶模式。

四、检查

实验完成后，进行如下检查：

1）检查车辆、工具、设备是否复位：_____。

2）检查场地是否清洁：_____。

3）检查任务工单是否填写完整：_____。

五、评估

1. 请根据自己任务完成的情况，对自己的工作进行自我评估，并提出改进意见。

1）_____

_____

2）_____

2. 工单成绩（总分为自我评价、组长评价和教师评价得分值的平均值）

自我评价	组长评价	教师评价	总分

学习单元 3.2　混合动力汽车驾乘体验

小王是某品牌4S店的服务顾问，客户张先生对一款混合动力汽车特别感兴趣，想申请试乘试驾。假如你是小王，你能安全规范地带领张先生进行试乘试驾吗？

1. 能正确识别混合动力汽车各个操作按钮或开关的位置，并能说出其功能。
2. 能说出对混合动力汽车试乘试驾的评价项目。
3. 能正确安全地进行混合动力汽车驾驶操作。
4. 能在驾乘体验过程中树立为客户服务的意识。

3.2.1　车辆正确使用

以第三代普锐斯混合动力汽车为例，介绍混合动力汽车的正确使用。

1. 第三代普锐斯混合动力系统构成

第三代普锐斯混合动力系统构成如图3-2-1所示。

2. 第三代普锐斯混合动力汽车驾乘操作的主要部件及位置介绍

（1）智能钥匙及一键起动按钮　普锐斯配备智能钥匙及一键起动按钮，如图3-2-2所示。在钥匙感应范围内，踩下制动踏板，按钮一键起动按钮，整车即完成上电起动。

（2）电子换档系统　电子变速杆及P位开关如图3-2-3所示。特有的混合动力蓝色变速杆位于悬浮式中控台上。变速杆设计为能够始终回复原始位置的形式，因此，当前的变速杆位置可通过换档位置指示器进行确认。使用时只需手指轻轻拨动即可换档。手一旦松开，手柄即可复位，以便于下一次操作。

（3）驾驶模式选择　除常规驾驶以外，根据具体状况，普锐斯还可选择三种不同的驾驶模式，如图3-2-4所示。按下EV键，便可单独依靠电动机行驶（HV蓄电池的电量在规定值以下时，EV电动驾驶模式有可能无法进行；车速在55km/h以下时，能够行驶几百米到2公里左右，行驶距离和车速会因HV蓄电池的电量状况而已）；在ECO节能驾驶模式下，通过对加速踏板输出功率的控制，以及将空调系统的运转控制在最小范围，进一步降低油耗，实现节能驾驶；按下PWR键，即可提高油门的反应灵敏度，在急坡、山路等地段驾驶时，可感受到迅猛的强劲动力。

3.2.2　驾乘体验评价

通过对混合动力汽车的试乘试驾，驾乘人员可根据试乘试驾评价表对该款混合动力汽车进行整体评价，包括车辆外观、驾乘的舒适性、操作性、安全性、动力性、经济性以及车内感受等，试乘试驾评价表详见本单元任务工单。

- **1.8L发动机**
  全新研发的1.8L直列4缸发动机，替代了原有的1.5L发动机。在提升排气量的同时，采用电动水泵等新技术，使混合动力专用发动机兼备了低油耗、低排放和强劲的动力性能。

- **电动机**
  最大输出功率由原来的50 kW提升到60 kW，并通过增加电动机扭矩及采用降速齿轮等配件。实现了小型化及轻量化，进一步提高了燃油性能。

- **发动机**
  为电动机提供强大动力，并可为高功率蓄电池进行充电，此外随着线圈形状的改进，使得发电机也实现了小型化、轻量化。

- **高功率HV*蓄电池**
  采用高功率镍氢蓄电池，可为电动机和发电机提供最佳电力，彻底减少电池的无效区，以最佳分布方式设置冷却系统及主继电器，并对冷却系统进出气口和风扇进行了小型化设计，在带来低油耗的同时，更减轻了车身重量，扩大了行李箱空间。
  (*HV=Hylorld Vehicle)

- **可变电压控制系统**
  能有效控制蓄电池的直流电和用于驱动电机、发电机的交流电。借助于可变电压控制系统的升压转换器，系统电压从原有的最大500V提升为650V，此外更进一步优化了冷却装置，大幅提升了电动机低矩，使得系统体积更小，重量更轻，运转更高效，输出功率更强劲。

- **动力分割装置**
  把发动机的动力分别输送到车轮和发电机，同时通过连接并有效控制发动机、电机、发电机，创造出无比顺畅的加速表现。

图 3-2-1　第三代普锐斯混合动力系统构成

图 3-2-2　普锐斯智能钥匙及一键起动

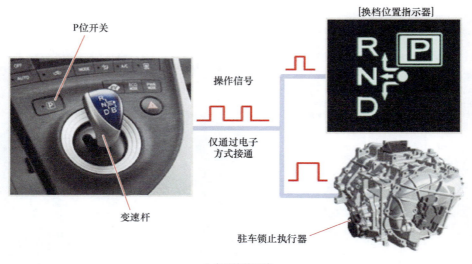

a) 电子换档系统

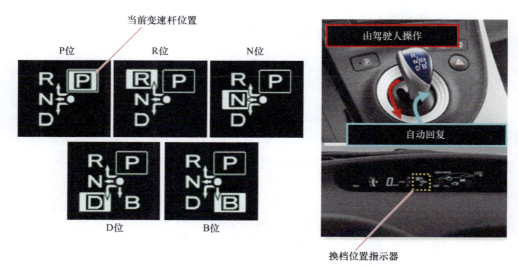

b) 档位说明

图 3-2-3 普锐斯电子换档系统

注：当变速杆位置在 D 位或者 B 位外的其他位置时，B 位指示灯熄灭

3.2.3 第三代普锐斯混合动力汽车驾乘体验案例[一]

作为一款油电混合车型，动力和油耗两个方面是大家最为关心的。丰田普锐斯搭载了一台 1.8L 直列四缸发动机，最大功率为 73kW/5200（r/min），最大转矩 142N·m/4000（r/min）。

[一] 材料节选自易车网——环保是一种责任试驾一汽丰田普锐斯。

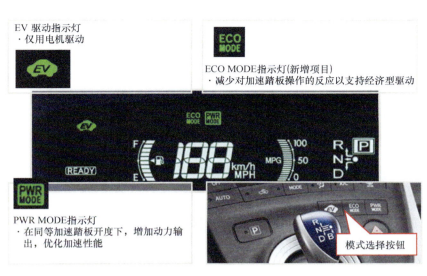

图 3-2-4 普锐斯驾驶模式选择

不仅如此,普锐斯还有一台电动机最大功率为 60kW,这样两者相加,这台普锐斯的混合动力系统下,最大功率就达到了 100kW 图 3-2-5,应对我们日常的用车需求,完全没有问题。

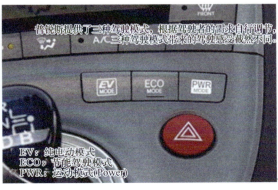

图 3-2-5 普锐斯动力配置

另外,普锐斯提供了三种驾驶模式可供选择,分别为 EV(纯电动模式)、ECO(节能模式）及 PWR（运动模式），满足驾驶者不同的驾驶需求，如图 3-2-6 所示。

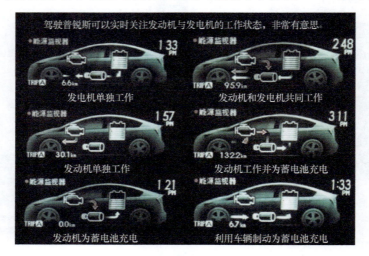

图 3-2-6　普锐斯驾驶模式说明

3.2.4　混合动力汽车试驾操作

1. 车辆准备

准备普锐斯混合动力汽车一辆，如图 3-2-7 所示。

2. 驾驶操作

按照正确驾驶操作及行驶路线进行试驾。

随身携带智能钥匙，握住车门把手，车门就会自动解锁；移身车内，踩下制动踏板，同时按下一键起动按钮，油电混合动力系统随机起动；下车并关闭车门，触摸车门把手上的传感器，所有车门即可锁止，如图 3-2-8 所示。

图 3-2-7　第三代普锐斯混合动力汽车

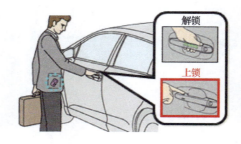

图 3-2-8　普锐斯车辆进入和系统起动

3. 驾乘评价

试驾结束后，完成试乘试驾体验评价表。

1. 试驾时要按照正确驾驶操作及行驶路线进行试驾。
2. 不要随意触摸高压线缆（这些高压线缆表面颜色为橘黄色）及插接件，防止触电。
3. 驾乘人员可根据试乘试驾评价表对混合动力汽车进行整体评价，包括车辆外观、驾乘的舒适性、操作性、安全性、动力性、经济性以及车内感受等。

任务工单3.2

任务名称	3.2 混合动力汽车驾乘体验	学时	4	班级	
学生姓名		学生学号		任务成绩	
实训设备	丰田普锐斯混合动力汽车2辆。	实训场地	新能源汽车理实一体化教室及室外试乘试驾场地	日期	
任务描述	小王是某品牌4S店的服务顾问，客户张先生对一款混合动力汽车特别感兴趣，想申请试乘试驾。假如你是小王，你能安全规范地带领张先生进行试乘试驾吗？				
任务目的	以行动为导向，引导学生制订混合动力汽车驾乘计划。在此过程中学习驾乘体验注意事项和丰田普锐斯混合动力汽车驾驶操作技能，并完成驾乘体验评价表。				

一、资讯

试驾时要注意以下事项：
1）选择已经_____的专供试驾用的车辆。
2）试驾前签署内容具体、权责分明的_____。
3）按照经销商规定的线路，谨慎驾试。
4）不熟练者不宜试驾。

二、计划与决策

请根据任务要求，确定所需要的检测仪器、工具，并对小组成员进行合理分工，制订详细的驾乘体验工作计划。

1. 需要的资料及用具

2. 小组成员分工

3. 工作计划

三、实施

1. 车辆准备
准备普锐斯混合动力汽车1辆。

2. 实践操作

（1）驾驶操作

随身携带_____，握住_____，车门就会自动解锁；移身车内，踩下_____，同时按下_____按钮，油电混合动力系统随机起动；下车并关闭车门，触摸车门把手上的传感器，所有车门即可锁止。

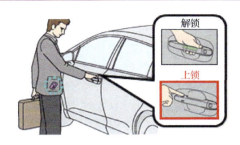

（2）完成驾乘体验评价表

评价者姓名		联系电话	
职业		驾龄	
业务代表		评估日期	
评估车型		里程	

类别	评级项目	评估结果			备注
		非常好	好	一般	
车辆外观	外形尺寸				
	造型美感				
舒适性	乘坐舒适性				
	驾驶座椅舒适性				
	音响效果				
	空调效果				
	轮胎及胎噪				
操纵性	仪表配色及辨识性				
	驾驶方便性				
	转向灵活性				
	视野				
安全性	驾驶安全感				
	ABS效果				
	倒车雷达				
	安全气囊				
动力性	起步加速				
	中途加速				
经济性	经济模式下百公里油耗				
	动力模式下百公里油耗				

（续）

汽车内部感受	汽车内饰				
	工艺水平				
	内饰配色				
	内部空间				
	操纵键可控性				
其他	车门进出方便性				
	玻璃升降方便性				
	天窗				
	E 配备				

四、检查

实验完成后，进行如下检查：

1）检查车辆、工具、设备是否复位：_____。
2）检查场地是否清洁：_____。
3）检查任务工单是否填写完整：_____。

五、评估

1. 请根据自己任务完成的情况，对自己的工作进行自我评估，并提出改进意见。

1）_____

_____

2）_____

2. 工单成绩（总分为自我评价、组长评价和教师评价得分值的平均值）

自我评价	组长评价	教师评价	总分

学习情境 4

燃料电池汽车认知

> **学习目标**

➢ 能通过与客户交流、查阅相关维修技术资料等方式获取车辆信息。
➢ 能叙述燃料电池汽车的定义和分类。
➢ 能认知燃料电池汽车的组成结构。
➢ 能识别燃料电池汽车的高压系统部件及线束。
➢ 能了解燃料电池汽车的工作原理。
➢ 能了解燃料电池汽车与传统汽车的区别。
➢ 能遵守相关法律法规,安全规范地进行燃料电池汽车驾乘体验。
➢ 能正确对燃料电池汽车触电、火灾等事故进行救助处理。
➢ 能在认知燃料电池汽车过程中感受技术创新、科技强国的责任感和使命感。

学习单元 4.1　燃料电池汽车组成结构认知

小王是某汽车 4S 店的服务顾问，客户张先生想了解下燃料电池汽车与纯电动汽车在结构上有什么不同。假如你是小王，你能向张先生介绍燃料电池汽车的组成结构吗？

1. 能叙述燃料电池汽车的定义、分类及特点。
2. 能叙述燃料电池的类型和质子交换膜燃料电池的工作原理。
3. 能叙述燃料电池汽车的工作原理。
4. 能认知燃料电池汽车结构组成。
5. 能了解燃料电池汽车的优缺点。
6. 能在认知燃料电池汽车过程中感受技术创新、科技强国的责任感和使命感。

4.1.1　燃料电池电动汽车的定义

燃料电池电动汽车（Fuel Cell Electric Vehicle，简称 FCEV）是一种用车载燃料电池装置产生的电力作为动力的汽车。车载燃料电池装置所使用的燃料为高纯度氢气或含氢燃料经重整所得到的高含氢重整气。与通常的电动汽车比较，其动力方面的不同在于燃料电池汽车用的电力来自车载燃料电池装置，电动汽车所用的电力来自由电网充电的蓄电池。因此，燃料电池汽车的关键是燃料电池。

燃料电池是一种能够持续的通过发生在阳极和阴极的氧化还原反应将化学能转化为电能的能量转换装置。燃料电池与常规电池的区别在于，它工作时需要连续不断地向电池内输入燃料和氧化剂，只要持续供应，燃料电池就会不断提供电能。

4.1.2　燃料电池电动汽车的分类

燃料电池电动汽车的结构形式按照不同的分类方法有多种。

1）按照燃料电池系统氢燃料的来源不同，FCEV 可分为两种：以纯氢气为燃料的 FCEV；经过重整产生氢作为燃料的 FCEV。

2）按照驱动形式，FCEV 又可分为两种：纯燃料电池驱动（PFC）的 FCEV；混合驱动的 FCEV。混合驱动的 FCEV 按辅助动力源又分为以下三种：燃料电池与辅助蓄电池混合驱动（FC+B）的 FCEV；燃料电池与超级电容混合驱动（FC+C）的 FCEV；燃料电池与辅助蓄电池和超级电容混合驱动（FC+B+C）的 FCEV。

4.1.3　燃料电池的类型

燃料电池种类繁多，到目前为止，人们已经开发出多种类型的燃料电池。通常燃料电池可按其电解质类型、工作温度、燃料的来源、燃料的状态等进行分类。

（1）按电解质分类　目前，最常用的分类方法是按燃料电池所采用的电解质的类型分类。根据燃料电池中使用电解质种类的不同，通常可分为以下五类。

1）质子交换膜燃料电池（PEMFC），如图4-1-1a所示：通常以全氟或部分氟化的磺酸型质子交换膜为电解质。这种电解质具有高功率—重量比和低工作温度，是适用于固定和移动装置的理想材料。

2）碱性燃料电池（AFC），如图4-1-1b所示：采用氢氧化钾溶液作为电解液。这种电解液效率很高（可达60%~90%），但对影响纯度的杂质，如二氧化碳很敏感。因而运行中需采用纯态氢气和氧气。

3）磷酸燃料电池（PAFC），如图4-1-1c所示：采用200℃高温下的磷酸作为其电解质，很适合用于分散式的热电联产系统。

4）熔融碳酸盐燃料电池（MCFC），如图4-1-1d所示：以熔融的锂-钾或锂-钠碳酸盐为电解质，工作温度可达650℃。这种电池的效率很高，但材料需求的要求也高。

5）固体氧化物燃料电池（SOFC），如图4-1-1e所示：采用的是固态电解质（钻石氧化物），性能很好。并需要采用相应的材料和过程处理技术，因为电池的工作温度约为1000℃。

a）质子交换膜燃料电池(PEMFC)　　　　b）碱性燃料电池(AFC)

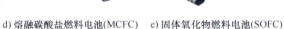

c）磷酸燃料电池(PAFC)　　d）熔融碳酸盐燃料电池(MCFC)　　e）固体氧化物燃料电池(SOFC)

图4-1-1　燃料电池类型

按电解质分类的这几种燃料电池具有各自的工作特性和适用范围，并且处于不同的发展阶段。碱性燃料电池的效率很高，发展非常成熟，但其工作条件要求隔绝CO_2，应用领域主要集中在航天方面。磷酸燃料电池技术已经非常成熟，被称为第一代燃料电池，它是最接近商业化的燃料电池，但磷酸燃料电池需要用到贵金属铂催化剂，成本较高，且其工作温度不够高，余热利用价值低。熔融碳酸盐燃料电池发展较早，被称为第二代燃料电池，固体氧化物燃料电池的研究则起步较晚，被称为第三代燃料电池，这两种燃料电池工作效率高，被认为最适合实现热电联供，但由于其工作温度较高，所以对电池材料的要求也较高。质子交换膜燃料电池技术近期发展迅速，采用较薄高分子隔膜作电解质，具有很高的比功率，而且工作温度较低，特别适合作为便携式电源和新能源汽车车载电源，但目前的主要问题是成本太高。

(2) 按工作温度分类　根据工作温度的不同，燃料电池可分为以下四类。

1) 低温燃料电池：工作温度范围一般是 25~100℃，如固体聚合物电解质燃料电池。

2) 中温燃料电池：工作温度范围一般是 100~500℃，如磷酸型燃料电池。

3) 高温型燃料电池：工作温度范围一般是 500~1000℃，这种类型的电池包括熔融碳酸盐燃料电池和固体氧化物燃料电池。

4) 超高温型燃料电池：工作温度范围一般是高于 1000℃。

(3) 按燃料的来源分类　根据燃料电池使用燃料的来源不同，可分为以下三类。

1) 直接型燃料电池　是指燃料不经过转化步骤直接参加燃料电池的电极反应，比如氢氧燃料电池，燃料直接使用氢气。

2) 间接型燃料电池　是指燃料不直接参加电化学反应，而是要通过重整等方法将燃料转化后再供给燃料电池发电，比如将甲醇重整后富氢的混合气作为燃料电池的燃料，即其燃料不是直接使用氢气，而是通过某种方法把甲烷、甲醇或其他烃类化合物转变成氢或含富氢的混合气后再供给燃料电池。

3) 再生型燃料电池　是指将燃料电池反应生成的水经过某种方式（如热和光等）分解成氢和氧，再将氢和氧重新输送给燃料电池进行发电。

(4) 按燃料状态分类　根据燃料电池的燃料状态不同，可分为液体型燃料电池和气体型燃料电池。

此外，根据燃料电池使用燃料的种类，可分为氢燃料电池、甲醇燃料电池、乙醇燃料电池等；根据燃料电池运行机理的不同，可分为酸性燃料电池和碱性燃料电池。

4.1.4　燃料电池的工作原理

燃料电池是一种不燃烧燃料而直接以电化学反应方式将燃料的化学能转变为电能的高效发电装置。为满足汽车的使用要求，车用燃料电池必须具有高比能量、低工作温度、起动快、无泄漏等特性。在众多类型的燃料电池中，质子交换膜燃料电池（Proton Exchange Membrane Fuel Cell，简称 PEMFC）完全具备这些特性，所以燃料电池汽车普遍使用聚合物电解质膜（PEM）燃料电池，也被称作质子交换膜电池或固体聚合物电解质燃料电池，使用氢气和空气中的氧气产生发电。

PEMFC 在原理上相当于水电解的"逆"装置。其单电池由阳极、阴极和质子交换膜组成，阳极为氢燃料发生氧化的场所，阴极为氧化剂还原的场所，两极都含有加速电极电化学反应的催化剂，一般采用铂/碳或钌/碳为电催化剂，质子交换膜为电解质，氢或净化重整气为燃料，空气或纯氧为氧化剂，带有气体流动通道的石墨或表面改性的金属板为双极板。燃料电池工作原理如图 4-1-2 所示。

发电的基本过程是：电池的阳极（燃料极）输入氢气（燃料），氢分子（H_2）在阳极催化剂作用下被离解成为氢离子（H^+）和电子（e^-），H^+ 穿过燃料电池的电解质层向阴极（氧化极）方向运动，e^- 因通不过电解质层而由一个外部电路流向阴极；在电池阴极输入氧气（O_2），氧气在阴极催化剂作用下离解成为氧原子（O），与通过外部电路流向阴极e^-和燃料穿过电解质的H^+结合生成稳定结构的水（H_2O），完成电化学反应放出热量。

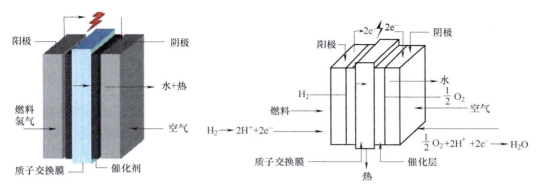

图 4-1-2　燃料电池工作原理

这种电化学反应与氢气在氧气中发生的剧烈燃烧反应是完全不同的，只要阳极不断输入氢气，阴极不断输入氧气，电化学反应就会连续不断地进行下去，e^-就会不断通过外部电路流动形成电流，从而连续不断地向汽车提供电力。与传统的导电体切割磁力线的回转机械发电原理完全不同，这种电化学反应属于一种没有物体运动就获得电力的静态发电方式。因而，燃料电池具有效率高、噪声低、无污染物排出等优点，这确保了 FCV 成为真正意义上的高效、清洁汽车。

4.1.5　燃料电池电动汽车组成结构与工作原理

下面以纯燃料电池驱动的 FCEV，说明燃料电池电动汽车的组成结构和工作原理。

纯燃料电池汽车只有燃料电池一个动力源，汽车的所有功率负荷都由燃料电池承担。燃料电池系统将氢气与氧气反应产生的电能通过总线传给驱动电机，驱动电机将电能转化为机械能再传给传动系统，从而驱动汽车前进，如图 4-1-3 所示。

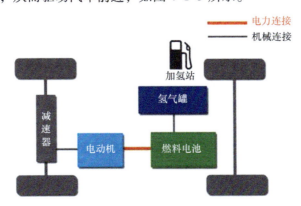

图 4-1-3　燃料电池汽车结构简图

燃料电池汽车的氢燃料可以通过以下几种途径得到：有些车辆直接携带着纯氢燃料，另外一些车辆有可能装有燃料重整器，能将烃类燃料转化为富氢气体。单个的燃料电池必须结合成燃料电池组，以便获得必需的动力，满足车辆使用的要求。

163

与传统汽车相比，燃料电池汽车与传统的内燃机驱动汽车在构造及动力传输等方面存在很大不同，传统内燃机汽车的发动机与变速器动力总成在燃料电池汽车中不复存在，取而代之的是燃料电池反应堆、蓄电池、氢气罐、电机、DC/DC 转化器等设备。

4.1.6　燃料电池电动汽车的优缺点

1. 优点

与传统汽车、纯电动汽车技术相比，燃料电池电动汽车具有以下优点。

（1）零排放或近似零排放，绿色环保　燃料电池电动汽车在本质上是一种零排放汽车，燃料电池没有燃烧过程，若以纯氢作燃料，通过电化学的方法，将氢和氧结合，生成物是清洁的水；采用其他富氢有机化合物用车载重整器制氢作为燃料电池的燃料，生成物除水之外还可能有少量的 CO_2，但其排放量比内燃机要少得多，且没有其他污染排放（如氧化氮、氧化硫、碳氢化物或微粒）问题，接近零排放。与传统汽车相比既减少了机油泄漏带来的水污染，又降低了温室气体的排放。

（2）能量转换效率高，节约能源　燃料电池的能量转换效率极高。燃料电池没有活塞或涡轮等机械部件及中间环节，不经历热机过程，不受热力循环（卡诺循环）限制，故能量转换效率高，燃料电池的化学能转换效率在理论上可达 100%，实际效率已达 60%~80%，是普通内燃机热效率的 2~3 倍（汽油机和柴油机汽车整车效率分别为 16%~18% 和 22%~24%）。因此，从节约能源的角度来看，燃料电池汽车明显优于使用内燃机的普通汽车。

（3）燃料多样化，优化了能源消耗结构　燃料电池所使用的氢燃料来源广泛，自然界中，氢能大量存储在水中，可采用水分解制氢，也可以从可再生能源获得，可取自天然气、丙烷、甲醇、汽油、柴油、煤以及再生能源。燃料来源的多样化有利于能源供应安全和利用现有的交通基础设施（如加油站等）。燃料电池不依赖石油燃料，各种可再生能源可以转化为氢能加以有效利用，减少了对石油资源的依赖，优化了交通能源的构成。

（4）续驶里程长，性能优于其他电池的电动汽车　采用燃料电池发电系统作为能量源，克服了纯电动汽车续驶里程短的缺点，其长途行驶能力及动力性已经接近于传统汽车。燃料电池汽车可以车载发电，只要带上足够的燃料，它可以把人们送到任何想去的地方。燃料电池电动汽车在成本和整体性能上（特别是行程和补充燃料时间上）明显优于其他电池的电动汽车。

（5）过载能力强　燃料电池除了在较宽的工作范围内具有较高的工作效率外，其短时过载能力可达到额定功率的 200% 或更大，更适合于汽车的加速、爬坡等工况，燃料电池的短时过载能力可达额定功率的 200%。

（6）运行平稳、低噪声　燃料电池属于静态能量转换装置，除了空气压缩机和冷却系统以外无其他运动部件，因此与内燃机汽车相比，运行过程中噪声和振动都较小。

2. 缺点

汽车业界普遍认同的一个观点是，燃料电池技术是内燃机技术最好的替代物，代表了汽车未来的发展方向。但如果将发展燃料电池汽车的几个制约因素考虑进来，则会发现燃料电池汽车目前和今后一段时间尚不具备商业化的条件。

（1）燃料电池汽车的制造成本和使用成本过高　制约燃料电池汽车推广应用的最大因素之一是燃料电池的生产成本一直居高不下。如何降低燃料电池的生产成本成为燃料电池汽车实用化的关键。据美国能源部测算，目前燃料电池的生产成本已降为500美元/kW。专家估计，只有当燃料电池的生产成本降至50美元/kW的水平才能为消费者所接受。也就是说，当一台80kW的汽车用燃料电池的成本降到目前汽油发动机的3500美元的价格时，才能创造巨大的市场效益。从市场经济学角度讲，高成本很难完成市场化推广，而无法实现市场化就不可能大规模批量生产，进而成本就无法降下来，最终导致成本与销售的恶性循环。

另外，燃料电池汽车的使用成本也过高，氢气的售价并不廉价，因此燃料电池车的运行成本并不令人乐观。目前，由燃料电池发电系统提供1kW·h电能的成本远高于各种动力电池，这从一个侧面反映了作为汽车动力源，燃料电池还有相当远的距离。

（2）起动时间长，系统抗振能力还需提高　采用氢气为燃料的FCEV起动时间一般需要超过3min，而采用甲醇或者汽油重整技术的FCEV则长达10min，比起内燃机汽车起动的时间长得多，影响其机动性能。此外，当FCEV受到振动或者冲击时，各种管道的连接和密封的可靠性需要进一步的提高。

（3）经济且无污染地获取纯氢燃料还存在技术难点　通过重整或改质技术转化传统的化石燃料获取纯氢天然气，不仅要消耗大量的能量，而且并没有从根本上摆脱对化石能的依赖，也没有从根本上消除对环境的污染。自然界中，氢能大量存储在水中，虽然取之不尽，但直接使用热分解或是电解的办法从水中制氢显然不划算。因此，多数科学家都将目光转向了利用太阳能，但是还存在许多技术障碍。目前，他们正在进行太阳能分解水制氢、太阳能发电电解水制氢、阳光催化光解水制氢、太阳能生物制氢等方面的研究。只有到了能以再生性能源廉价地生产出氢燃料，氢燃料电池民用汽车的燃料问题才算获得了根本性解决。

（4）氢燃料电池汽车燃料的供应还有大量的技术问题有待解决　通常氢能以三种状态存储和运输：高压气态、液态和氢化物形态。用常用的压缩气体罐储存的氢，只能供燃料电池汽车行驶150km，续驶里程太短，还不如蓄电池驱动的汽车。由于氢气是最小的分子，很容易造成泄漏。哪怕是微量的泄漏，都有可能造成极度可怕的后果。而在-253℃的条件下储存液氢的深度制冷技术目前还很不成熟。就全球来说，目前能够加液氢的加氢站也没有几家。值得欣慰的是，储氢材料的开发已取得了一定的进展。

（5）供应燃料辅助设备复杂，且质量和体积较大　在以甲醇或者汽油为燃料的FCEV中，经重整器出来的"粗氢气"含有使催化剂"中毒"失效的少量有害气体，必须采用相应的净化装置进行处理，增加了结构和工艺的复杂性，并使系统变得笨重。目前，普遍采用氢气燃料的FCEV，因需要高压、低温和防护的特种储存罐，导致体积庞大，也给FCEV的使用带来了许多不便。

（6）稀有金属铂金（Pt）被大量应用，也制约着燃料电池电动汽车的推广应用　稀有金属铂金作为燃料电池必不可少的反应催化剂，按照现有燃料电池对铂金的消耗量，地球上所有的铂金储量都用来制作车用燃料电池，也只能满足几百万辆车的需求。

（7）加氢站等基础网络设施建设几乎为零　目前，全球范围内投入使用的加氢站仅有100多家，且大部分是用于试验用途的。如果说技术和成本是科研机构和企业通过努力可以自行解决的问题，那么相应的配套设施建设则不是举一人之力可以完成的，需要国家政策、产业链条、基础设施建设等多方面的准备，并及时制定完善的行业标准和规范的加氢站等基础设施建设，既涉及城市规划、交通、电力等问题，又要解决投资和经营者的获利问题，同时还要有效解决加氢的核心技术和统一标准等问题。对于有一定行驶区间的公交车而言，这

165

个问题可能容易解决，但是对于私家车而言要解决这些问题就任重而道远了。

4.1.7 燃料电池电动汽车的结构形式特点

1. 纯燃料电池驱动（PFC）的燃料电池电动汽车

其主要优点如下：

1）系统结构简单，便于实现系统控制和整体布置。
2）系统部件少，有利于整车的轻量化。
3）较少的部件使得整体的能量传递效率高，从而提高整车的燃料经济性。

其主要缺点如下：

1）燃料电池功率大，成本昂贵。
2）对燃料电池系统的动态性能和可靠性要求很高。
3）不能进行制动能量回收　基于纯燃料电池汽车上述这些不利因素，现在已较多地采用了混合驱动这种结构形式。既以燃料电池系统作为主动力源，又增加了蓄电池组或超级电容或蓄电池组加超级电容作为辅助动力源，和燃料电池联合工作，组成混合驱动系统共同驱动汽车。从本质上来讲，这种结构的燃料电池电动汽车采用的是类似混合动力结构。它与传统意义上的混合动力结构的不同仅在于动力源是燃料电池而不是内燃机。在燃料电池混合驱动结构汽车中，燃料电池和辅助能量存储装置共同向电动机提供电能，通过变速机构来驱动汽车行驶。

2. "燃料电池+辅助蓄电池"混合驱动的 FCEV

燃料电池与辅助蓄电池混合驱动的燃料电池电动汽车的动力系统如图 4-1-4 所示。在该动力系统结构中，有燃料电池和蓄电池两个动力源。汽车的功率负荷由燃料电池和蓄电池共同承担。即燃料电池和蓄电池一起为驱动电动机提供能量，驱动电机将电能转化成机械能传给传动系统，从而驱动汽车前进。在燃料电池和蓄电池联合供能时，燃料电池的能量输出变化较为平缓，随时间变化波动较小，而能量需求变化的高频部分由蓄电池分担。在燃料电池系统起动时，蓄电池提供电能用于空压机或鼓风机的工作、电堆的加热、氢气和空气的加湿等。在汽车制动时，驱动电机变成发电机，蓄电池将储存回馈的能量。

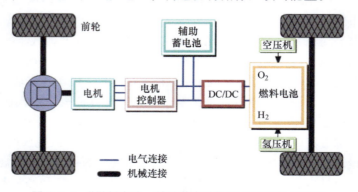

图 4-1-4 "燃料电池+辅助蓄电池"混合驱动的 FCEV

这种"燃料电池+辅助蓄电池"混合驱动的 FCEV 具有如下优点：

1）由于增加了辅助蓄电池联合驱动，且辅助蓄电池的比功率价格相对低廉得多，系统对燃料电池的功率要求较纯燃料电池结构形式有很大的降低，从而较大幅度地降低了整车成本。

2）降低了对燃料电池动态特性的要求。

3）能够回收再生制动能量，增加整车的能量效率。

4）汽车的冷起动性能较好。

5）在车辆起步的时候和功率需求量不大的时候，蓄电池可以单独输出能量。

6）燃料电池单独或与动力电池共同提供持续功率，在车辆起动、爬坡和加速等峰值功率需求时，动力电池提供峰值功率。

7）由于蓄电池分担了能量需求变化的高频部分，燃料电池可以在比较好的设定的工作条件下工作，工作时燃料电池的效率进一步提高。

8）蓄电池技术比较成熟，可以在一定程度上弥补燃料电池技术上的不足。

该动力系统结构的主要缺点如下：

1）蓄电池的使用增加了驱动系统的重量、体积和复杂性，使整车的动力性和经济性受到影响。

2）蓄电池充放电过程会有能量损耗，影响了能量转换效率。

3）增加了蓄电池的维护和更换费用。

4）系统的复杂化，增加了系统控制和整体布置的难度。

3. "燃料电池+超级电容"混合驱动的 FCEV

燃料电池与超级电容混合驱动的与燃料电池与辅助蓄电池混合驱动的 FCEV 结构类似，只是把辅助蓄电池换成了超级电容。在该动力系统结构中，有燃料电池和超级电容两个动力源。汽车的功率负荷由燃料电池和超级电容共同承担，即燃料电池和超级电容一起为驱动电机提供能量，驱动电机将电能转化成机械能传给传动系统，从而驱动汽车前进。

蓄电池寿命短，成本高，使用要求复杂；而超级电容充放电效率高，能量损失小，比蓄电池功率密度大，在回收制动能量方面比蓄电池有优势，循环寿命长，使用成本低，但是超级电容的能量密度较小。随着超级电容技术的不断进步，这种结构将成为重要的研究课题及发展方向，有利于 FCEV 的商业化推广和应用。

4. "燃料电池+辅助蓄电池+超级电容"混合驱动的 FCEV

燃料电池与蓄电池和超级电容混合驱动的电动汽车的动力系统如图 4-1-5 所示。它是在燃料电池与辅助蓄电池混合驱动的 FCEV 的电压总线上再并联一组超级电容，用于提供加速或吸收紧急制动的尖峰电流，减轻蓄电池负担，延长其使用寿命。

这种动力系统结构，燃料电池、蓄电池和超级电容一起为驱动电机提供能量，驱动电机将电能转化成机械能传给传动系统，从而驱动汽车前进；在汽车制动时，驱动电机变成发电机，蓄电池和超级电容将储存回馈的能量。

与"燃料电池+蓄电池"混合驱动 FCEV 的比较，其优势更加明显，尤其是在部件效率、动态特性、制动能量回馈等方面更有优势。在采用燃料电池、蓄电池和超级电容联合供能时，燃料电池的能量输出更为平缓，随时间变化波动较小，而能量需求变化的低频部分由蓄电池承担，能量需求变化的高频部分由超级电容承担。

各动力源的分工更加明细，使得它们的优势也得到了更好的发挥。而其缺点也一样更加

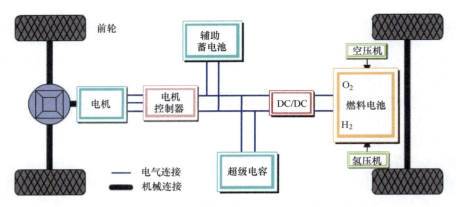

图 4-1-5 "燃料电池 + 辅助蓄电池 + 超级电容"混合驱动的 FCEV

明显。

1)增加了超级电容,整个系统的质量增加。

2)增加了超级电容,系统更加复杂化,系统控制和整体布置的难度也随之增大。

综上所述,FC + B + C 组合("燃料电池 + 辅助蓄电池 + 超级电容")被认为能够最大限度地满足整车的起动、加速、制动的动力和效率需求,若能够对系统进行很好的匹配和优化,这种结构在给汽车带来良好的性能方面具有更大的吸引力,但其成本最高,结构和控制也最为复杂。目前,燃料电池电动汽车动力系统的一般结构仍是 FC + B 组合。

4.1.8 燃料电池汽车结构认知

下面以丰田 Mirai 氢燃料电池汽车为例,说明燃料电池汽车主要结构部件。

1. 车辆准备

准备丰田 Mirai 氢燃料电池汽车 1 辆,如图 4-1-6 所示。

2. 实践操作

(1)认知丰田 Mirai 氢燃料电池汽车主要组件 丰田 Mirai 氢燃料电池汽车主要组件,如图 4-1-7 所示,丰田 Mirai 底盘上安装有高压储氢罐、储能电池、燃料电池堆和由动力控制装置、电机组成的动力系统。

图 4-1-6 丰田 Mirai 氢燃料电池汽车

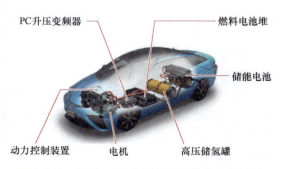

图 4-1-7 丰田 Mirai 氢燃料电池汽车主要组件

（2）丰田 Mirai 氢燃料电池汽车工作原理　丰田 Mirai 氢燃料电池汽车工作原理为：储氢罐中的氢气与车头吸入的氧气在燃料电池内发生反应，产生的电能驱动电机，从而带动车辆；反应产生的剩余电能存入储能电池，如图 4-1-8 所示。

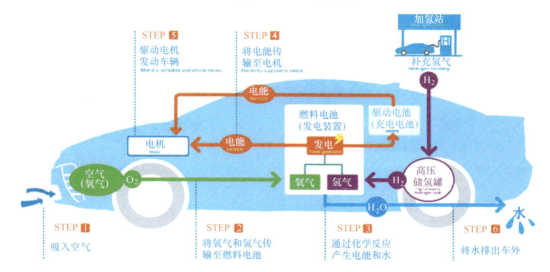

图 4-1-8　丰田 Mirai 氢燃料电池汽车工作原理

（3）储氢罐　丰田 Mirai 氢燃料电池汽车储氢罐位于车身后部，如图 4-1-9 所示。两个储气罐容积分别为 60L 和 62.4L，最大可存储 5kg 氢燃料，储气压力可达 70MPa。储氢罐外观如图 4-1-10 所示。

图 4-1-9　丰田 Mirai 氢燃料电池汽车储氢罐及燃料电池位置

（4）燃料电池（燃料电池堆）　丰田 Mirai 的燃料电池位于前排座椅下方，外观如图 4-1-11 所示。燃料电池是整车的电力来源，在这里氢气与氧气发生反应产生电能。其能量密度达到了 3.1kW/L，发电总功率可达 114kW。

（5）储能电池（可充电电池）　储能电池位于后排座椅后方，如图 4-1-12 所示。储能电池虽然占据了一定的行李箱空间，但其发挥的作用很大。燃料电池组输出剩余的电能和车辆行驶过程中回收的电能都被它储存起来，供急加速和车载用电器使用。

图 4-1-10　丰田 Mirai 氢燃料电池汽车储氢罐

图 4-1-11　丰田 Mirai 燃料电池外观

图 4-1-12　丰田 Mirai 储能电池

（6）升压变压器　在新一代燃料电池系统中，发出的电能还需要经过升压变频器的升压才能供给电动机使用，最终输出电压由 2008 年款燃料电池的 250V 上升到了 650V，如图 4-1-13 所示。从其发电功率来看，正好可以满足电机的最大输出需求。

图 4-1-13　丰田 Mirai 升压变压器

（7）电机　电机位于车头，外观如图 4-1-14 所示。电机最大输出功率 113kW，峰值转矩达到了 335N·m，保证了良好的低速响应。

(8) 加氢口　加氢口如图 4-1-15 所示。加满两个储氢罐的时间为 3～5min。加注燃料所需的时间与普通汽油车加油差不多，比起电动车充电快很多。

图 4-1-14　丰田 Mirai 电动机

图 4-1-15　丰田 Mirai 加氢口

(9) 电源插口　丰田 Mirai 有交流和直流两个电源插口，如图 4-1-16 所示。当住宅停电时，借助车上的电源插口，丰田 Mirai 燃料电池车可以对外供电。通过车上自带的接口，可提供功率为 9kW、共计 60kW·h 的电能；交流充电口可以给笔记本电脑等设备提供电力。

图 4-1-16　丰田 Mirai 电源插口

1. 燃料电池电动汽车（Fuel Cell Electric Vehicle，简称 FCEV）是一种用车载燃料电池装置产生的电力作为动力的汽车。车载燃料电池装置所使用的燃料为高纯度氢气或含氢燃料经重整所得到的高含氢重整气。

2. 燃料电池是一种能够持续的通过发生在阳极和阴极的氧化还原反应将化学能转化为电能的能量转换装置。

3. 质子交换膜燃料电池（Proton Exchange Membrane Fuel Cell，简称 PEMFC）的单电池由阳极、阴极和质子交换膜组成，阳极为氢燃料发生氧化的场所，阴极为氧化剂还原的场所，两极都含有加速电极电化学反应的催化剂，一般采用铂/碳或钌/碳为电催化剂，质子交换膜为电解质，氢或净化重整气为燃料，空气或纯氧为氧化剂，带有气体流动通道的石墨或表面改性的金属板为双极板。

任务工单4.1

任务名称	4.1 燃料电池汽车组成结构认知	学时	4	班级	
学生姓名		学生学号		任务成绩	
实训设备	丰田 Mirai 氢燃料电池汽车 2 辆、高压零部件展示柜 2 套、XK-XNY-ZHSX1 型新能源汽车工作模式实训台 1 台、举升机 4 台、绝缘工具 4 套、车间安全防护用具 4 套、带锁储物箱 4 个、个人防护用具 4 套、检测仪器（万用表、绝缘电阻等）2 套。	实训场地	新能源汽车理实一体化教室	日期	
任务描述	小王是某汽车4S店的服务顾问，客户张先生想了解下燃料电池汽车与纯电动汽车在结构上有什么不同。假如你是小王，你能向张先生介绍燃料电池汽车的组成结构吗？				
任务目的	以行动为导向，引导学生制定计划，认知燃料电池汽车组成结构。在此过程中学习相关理论知识和实践操作技能。				

一、资讯

1. 燃料电池电动汽车（Fuel Cell Electric Vehicle，简称_____）是一种用_____装置产生的电力作为动力的汽车。车载燃料电池装置所使用的燃料为_____或含氢燃料经重整所得到的高含氢重整气。
2. 质子交换膜燃料电池（proton exchange membrane fuel cell，简称_____）的单电池由_____、_____和_____组成，阳极为氢燃料发生氧化的场所，阴极为氧化剂还原的场所，两极都含有加速电极电化学反应的催化剂。
3. 纯燃料电池汽车的燃料电池系统将_____与_____反应产生的电能通过总线传给_____，驱动电机将电能转化为机械能再传给传动系统，从而驱动汽车前进。
4. 丰田 Mirai 底盘上安装有_____、_____、_____和由_____、_____组成的动力系统。

二、计划与决策

请根据任务要求，确定所需要的检测仪器、工具，并对小组成员进行合理分工，制订详细的认知氢燃料电池汽车组成结构的工作计划。

1. 需要的资料及用具

2. 小组成员分工

3. 工作计划

三、实施

1. 车辆准备

准备丰田 Mirai 氢燃料电池汽车 1 辆。

2. 实践操作

（1）认知丰田 Mirai 氢燃料电池汽车主要组件

将丰田 Mirai 氢燃料电池汽车主要组件名称填在方框内。

(2) 丰田 Mirai 氢燃料电池汽车工作原理

丰田 Mirai 氢燃料电池汽车工作原理为：_____中的氢气与车头吸入的氧气在_____内发生反应，产生的电能驱动电机从而带动车辆；反应产生的剩余电能存入_____。

(3) 储氢罐

丰田 Mirai 氢燃料电池汽车储氢罐位于_____。两个储气罐容积分别为 60L 和 62.4L，最大可存储_____kg 氢燃料，储气压力可达_____MPa。

(4) 燃料电池（燃料电池堆）

丰田 Mirai 的燃料电池位于_____下方。燃料电池是整车的电力来源，在这里氢气与氧气发生产生电能。其能量密度达到了 3.1kW/L，发电总功率可达 114kW。

(5) 储能电池（可充电电池）

储能电池位于_____后方。储能电池虽然占据了一定的行李箱空间，但其发挥的作用很大。燃料电池组输出剩余的电能和车辆行驶过程中回收的电能都能被它储存起来，供_____和_____使用。

(6) 升压变压器

在新一代燃料电池系统中，发出的电能还需要经过_____的升压才能供给电机使用，最终输出电压由 2008 年款燃料电池的 250V 上升到了_____V。

(7) 电机

电机位于_____。电动机最大输出功率_____kW，峰值扭转达到了_____N·m，保证了良好的低速响应。

(8) 加氢口

加满两个储氢罐的时间为_____min。加注燃料的所需时间与普通汽油车加油差不多，比起电动车充电多快很多。

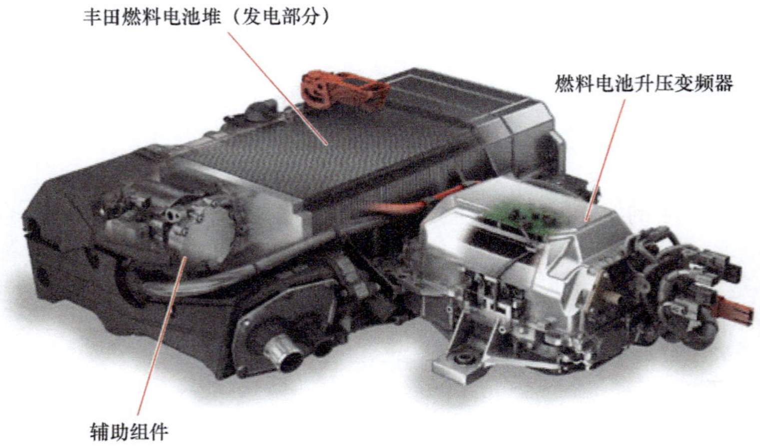

丰田燃料电池堆（发电部分）

燃料电池升压变频器

辅助组件

(9) 电源插口

丰田 Mirai 有_____和_____两个电源插口。当住宅停电时，借助车上的电源插口，丰田 Mirai 燃料电池车可以为其供电。通过车上自带的接口，可提供功率为 9kW、共计 60kW·h 的电能；交流充电口可以给笔记本电脑等设备提供电力。

交流电接口

直流电接口

供电量 约 60kW·h

最大供电量 9kW

四、检查

实验完成后，进行如下检查：

1) 检查车辆、工具、设备是否复位：_____。
2) 检查场地是否清洁：_____。
3) 检查任务工单是否填写完整：_____。

五、评估

1. 请根据自己任务完成的情况，对自己的工作进行自我评估，并提出改进意见。

1) _____

2) _____

2. 工单成绩（总分为自我评价、组长评价和教师评价得分值的平均值）

自我评价	组长评价	教师评价	总分

学习单元 4.2　燃料电池汽车驾乘体验

小王是某品牌 4S 店的服务顾问，客户张先生对一款燃料电池汽车特别感兴趣，想申请试乘试驾。假如你是小王，你能安全规范地带领张先生进行试乘试驾吗？

1. 能说出试乘试驾时的注意事项。
2. 能正确识别燃料电池汽车各个操作按钮或开关的位置，并能说出其功能。
3. 能说出对燃料电池汽车试乘试驾的评价项目。
4. 能正确安全的进行燃料电池汽车驾驶操作。
5. 能在燃料电池汽车驾乘体验过程中感受并践行绿色出行。

4.2.1　车辆正确使用

以丰田 Mirai 燃料电池汽车为例，介绍燃料电池汽车的使用。

1. 丰田 Mirai 燃料电池汽车系统构成

丰田 Mirai 燃料电池汽车系统构成如图 4-2-1 所示，主要有高压储氢罐、燃料电池堆、蓄电池和电机等部分组成。

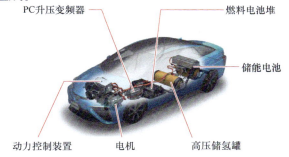
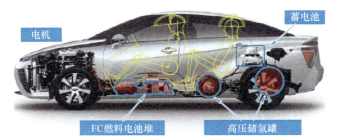

图 4-2-1　丰田 Mirai 燃料电池汽车系统构成

2. 丰田 Mirai 燃料电池汽车驾乘操作的主要部件及位置介绍

（1）一键起动按钮　丰田 Mirai 燃料电池汽车一键起动按钮，如图 4-2-2 所示。在钥匙感应范围内，踩下制动踏板，按钮一键起动按钮，整车即完成上电起动。

图 4-2-2　丰田 Mirai 燃料电池汽车一键起动按钮

（2）电子换档系统　电子变速杆如图 4-2-3 所示。特有的混合动力蓝色换档手柄位于悬浮式中控台上。变速杆设计为能够始终回复原始位置的形式，因此，当前的变速杆位置可通过换档位置指示器进行确认。使用时只需手指轻轻拨动即可换档。手一旦松开，手柄即可复位，以便于下一次操作。

（3）驾驶模式选择　除常规驾驶以外，根据具体状况，丰田 Mirai 燃料电池汽车还可选择两种不同的驾驶模式，如图 4-2-4 所示。按下 ECO 键，车辆进入节能模式；按下 PWR 键，进入运动模式，即可提高加速的反应灵敏度，在急坡、山路等地段驾驶时，可感受到迅猛的强劲动力。

图 4-2-3　丰田 Mirai 燃料电池汽车电子换档系统　　图 4-2-4　丰田 Mirai 燃料电池汽车驾驶模式选择

4.2.2　驾乘体验评价

通过对燃料电池汽车的试乘试驾，驾乘人员可根据试乘试驾评价表对该款燃料电池汽车进行整体评价，包括车辆外观、驾乘的舒适性、操作性、安全性、动力性、经济性以及车内感受等，试乘试驾评价表详见本单元任务工单。

4.2.3　燃料电池汽车驾乘体验案例

从定位来看，Mirai 是一台四门轿车，其造型几乎和 FCV Concept 概念车一模一样，头灯为细长的样式，下方的保险杠与进气栅口则十分的夸张。同样，车身侧面也意在用特别的线条来区别于其他的丰田车型，突出自己身为氢燃料电池车的独特身份。Mirai 续驶里程为 500km，补充燃料仅用时 3min。前机舱布局如图 4-2-5 所示。

图 4-2-5　丰田 Mirai 燃料电池汽车前机舱

Mirai 的动力系统当然是最大的看点。丰田为它配置了氢燃料电池组（fuel-cell stack）以及一组电机，并按照丰田称之为燃料电池系统（丰田 Fuel-Cell System，简称 TFCS）的方式运行。系统的运作方式是由燃料电池持续放电提供电力，让电机组能够带动车辆前进，这套 TFCS 系统和丰田另一套 Hybrid Synergy Drive（HSD）系统的运作方式相当接近；在 HSD 系统下，车辆是靠汽油发动机产生电力，用以驱使电机带领车辆前进，换到 Mirai 身上时，只是将汽油发动机的所扮演的发电角色，换成了氢燃料电池。

丰田表示，充满燃料的 Mirai 拥有近似于传统汽油车款的续驶里程，达到约 500km；而即便燃料用光了，将燃料回填补满的时间也仅需约 3min，和传统汽油车的加油时间差不了多少。Mirai 能够拥有如此出色的表现，在于丰田开发了更多新的车体工程技术，让许多机构、零部件的尺寸进一步缩小，甚至可以完全移除该组件，不仅减低了造车成本，车辆大幅减重后可以令性能与续驶能力大幅提升。

而关于氢气储存方式，丰田也在这方面下了许多功夫；原厂使用高达 700MPa 的压力，将氢气压缩至车辆内的 2 个储氢罐之中，让单位能量密度拥有十分亮眼的表现，同时因为体积大幅减少，在运送过程时也能更加便利。其储氢方式如图 4-2-6 所示。

最重要的，由于氢燃料电池仅是由氢气与氧气产生化学反应提供电力，所以在 Mirai 整个行驶过程中，排放出来的只有水或者蒸汽，完全没有二氧化碳，非常环保。同时，它在动力上也不弱，Mirai 的最大功率为 113kW（153Ps）、最大转矩 335N·m，10s 内可以完成百公里加速，完全能够应付平常的行车需求。

4.2.4　丰田燃料电池汽车驾乘评价

1. 车辆准备

准备丰田 Mirai 燃料电池汽车一辆，如图 4-2-7 所示。

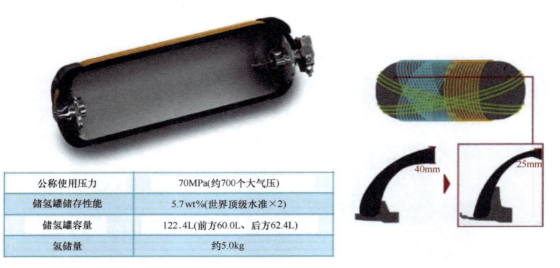

公称使用压力	70MPa(约700个大气压)
储氢罐储存性能	5.7wt%(世界顶级水准×2)
储氢罐容量	122.4L(前方60.0L、后方62.4L)
氢储量	约5.0kg

图 4-2-6　丰田 Mirai 燃料电池汽车储氢方式

图 4-2-7　丰田 Mirai 燃料电池汽车

2. 驾驶操作

按照正确驾驶操作及行驶路线进行试驾。

3. 驾乘评价

试驾结束后，完成试乘试驾体验评价表。

1. 燃料电池汽车具有高压系统，不要随意触摸高压线缆（这些高压线缆表面颜色为橘黄色）及插接件，防止触电。

2. 丰田 Mirai 燃料电池汽车系统主要有高压储氢罐、燃料电池堆、蓄电池、电机等部分组成。

3. 驾乘人员可根据试乘试驾评价表对燃料电池汽车进行整体评价，包括车辆外观、驾乘的舒适性、操作性、安全性、动力性、经济性以及车内感受等。

任务工单4.2

任务名称	4.2 燃料电池汽车驾乘体验		学时	4	班级	
学生姓名			学生学号		任务成绩	
实训设备	丰田 Mirai 燃料电池汽车2辆。		实训场地	新能源汽车理实一体化教室及室外试乘试驾场地	日期	
任务描述	小王是某品牌4S店的服务顾问,客户张先生对一款燃料电池汽车特别感兴趣,想申请试乘试驾。假如你是小王,你能安全规范的带领张先生进行试乘试驾吗?					
任务目的	以行动为导向,引导学生制定燃料电池汽车驾乘计划。在此过程中学习驾乘体验注意事项和丰田 Mirai 燃料电池汽车驾驶操作技能,并完成驾乘体验评价表					

一、资讯

1. 试驾时要注意以下事项:
1) 选择已经_____的专供试驾用的车辆。
2) 试驾前签署内容具体、权责分明的_____。
3) 按照经销商规定的线路,谨慎驾试。
4) 不熟练者不宜试驾。

2. 作为被动安全装置之一,在发生碰撞时,_____与_____一起发挥作用,才能最大限度地保护驾乘人员安全,因此驾乘车辆一定要系好_____。

二、计划与决策

请根据任务要求,确定所需要的检测仪器、工具,并对小组成员进行合理分工,制订详细的驾乘体验工作计划。

1. 需要的资料及用具

2. 小组成员分工

3. 工作计划

三、实施

1. 车辆准备

准备丰田 Mirai 燃料电池汽车1辆。

2. 实践操作
（1）驾驶操作
按照正确驾驶操作及行驶路线进行试驾。
（2）完成驾乘体验评价表

评价者姓名		联系电话			
职业		驾龄			
业务代表		评估日期			
评估车型		里程			

类别	评级项目	评估结果			备注
		非常好	好	一般	
车辆外观	外形尺寸				
	造型美感				
舒适性	乘坐舒适性				
	驾驶座椅舒适性				
	音响效果				
	空调效果				
	轮胎及胎噪				
操纵性	仪表配色及辨识性				
	驾驶方便性				
	转向灵活性				
	视野				
安全性	驾驶安全感				
	ABS效果				
	倒车雷达				
	安全气囊				
动力性	起步加速				
	中途加速				
经济性	经济模式下每千克氢行驶里程				
	动力模式下每千克氢行驶里程				
	续航里程				
汽车内部感受	汽车内饰				
	工艺水平				
	内饰配色				
	内部空间				
	操纵键可控性				
其他	车门进出方便性				
	玻璃升降方便性				
	天窗				
	E配备				

四、检查

实验完成后,进行如下检查:

1. 检查车辆、工具、设备是否复位:_____。
2. 检查场地是否清洁:_____。
3. 检查任务工单是否填写完整:_____。

五、评估

1. 请根据自己任务完成的情况,对自己的工作进行自我评估,并提出改进意见。

1) _____
_____
2) _____
_____

2. 工单成绩(总分为自我评价、组长评价和教师评价得分值的平均值)

自我评价	组长评价	教师评价	总分

《新能源汽车认知与使用安全》理实一体化教室布置图

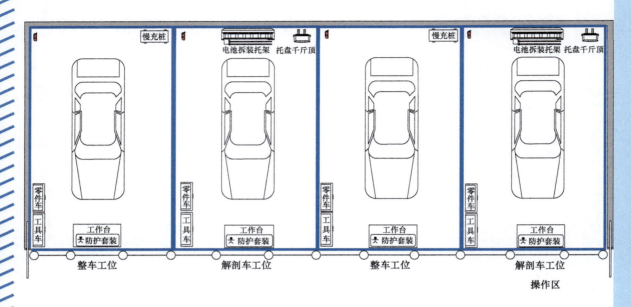

参 考 文 献

[1] 崔胜民. 新能源汽车概论 [M]. 2版. 北京：北京大学出版社，2015.
[2] 银石立方科技（北京）有限公司. 新能源汽车概论 [M]. 北京：人民交通出版社，2016.
[3] 节能与新能源汽车技术路线图战略咨询委员会，中国汽车工程学会. 节能与新能源汽车技术路线图 [M]. 北京：机械工业出版社，2016.
[4] 中国标准化委员会. GB/T 18384.1-2015 电动汽车 安全要求 第1部分：车载可充电储能系统（REESS）[S]. 北京：中国标准出版社，2015.
[5] 中国标准化委员会. GB/T 18384.2-2015 电动汽车 安全要求 第2部分：操作安全和故障防护 [S]. 北京：中国标准出版社，2015.
[6] 中国标准化委员会. GB/T 18384.3-2015 电动汽车 安全要求 第3部分：人员触电防护 [S]. 北京：中国标准出版社，2015.
[7] 崔胜民. 新能源汽车技术解析 [M]. 北京：化学工业出版社，2016.
[8] 王庆年，曾小华，等. 新能源汽车关键技术 [M]. 北京：化学工业出版社，2017.
[9] 赵航，史广奎. 混合动力电动汽车技术 [M]. 北京：机械工业出版社，2012.
[10] 程振彪. 燃料电池汽车：新能源汽车最具战略意义的突破口 [M]. 北京：机械工业出版社，2016.
[11] 陈维荣，李奇. 质子交换膜燃料电池系统发电技术及其应用 [M]. 北京：科学出版社，2016.
[12] 王志成，等. 燃料电池与燃料电池汽车 [M]. 北京：科学出版社，2017.